Der feinstoffliche Mensch

David V. Tansley

Der feinstoffliche Mensch

Radionik und energetische Behandlung

Aus dem Englischen von
Christopher Baker

Weitere Titel von David V. Tansley im Synthesis Verlag:
Radionik – Energetische Diagnose und Behandlung (1989)
Die Aura des Menschen – Energiefelder in der Diagnose (1992)
Auras, Chakrtas und die Strahlen des Lebens (1993)

Postfach 143206, 45262 Essen

Aus dem Englischen übersetzt von Christopher Baker
Titel der englischen Originalausgabe:
Radionics and the Subtle Anatomy of Man

erschienen bei C. W. Daniel Co., Ltd., England
Covergestaltung: Willi Koch, Düsseldorf
Satz: ZERO Typografischer Betrieb, Moers
Gesetzt aus der Times Roman

ISBN 3-922026-62-1

Dieses Buch ist dem Gedächtnis von

Dr. Albert Abrams, Dr. Ruth Drown
sowie ***George de la Warr***

gewidmet, den Pionieren auf dem Gebiet der Radionik.

Ferner widme ich dieses Buch allen Menschen,
die mit einem offenen Herzen und einem aufgeschlossenen
Sinn ihren Heilberuf ausüben.

Danksagung

Ich möchte allen Autoren und Verlagen meinen aufrichtigen Dank dafür aussprechen, daß ich aus folgenden Werken zitieren durfte:

Günther Wachsmuth: *The Etheric Formative Forces in Cosmos, Earth and Man*, The Rudolf Steiner Press. George Adams: *Physical and Ethereal Spaces*, The Rudolf Steiner Press. Alice A. Bailey: *Eine Abhandlung über kosmisches Feuer und esoterisches Heilen*, Lucis Trust Verlag. Edward Bach: *Blumen, die durch die Seele heilen*, Hugendubel Verlag.

Dank schulde ich auch George Adams, aus dessen im Selbstverlag erschienenen Werk *Space and The Light of Creation* ich zitieren durfte, sowie dem Jonathan Cape Verlag für das Zitat aus R. Buckminster Fullers *Ideas and Integrities*. Mein besonderer Dank gilt Dr. A. K. Bhattacharya aus Naihati, Westbengalen, für sein Interesse an meiner Arbeit und die Erlaubnis, aus *Gem Therapy*, dem Werk seines verstorbenen Vaters Dr. B. Bhattacharya, zu zitieren, das bei K. L. Mukhopadhyay, Kalkutta, veröffentlicht worden ist. Schließlich möchte ich John Wilcox, Autor von *Radionics in Theory and Practice*, meine Dankbarkeit ausdrücken, der mir bei der Entstehung dieses Manuskripts wertvolle Hilfe leistete.

Inhalt

Einführung

Verfolgt man die Geschichte und Entwicklung der Radionik von ihren Anfängen mit den Pionierarbeiten von Dr. Albert Abrams und Ruth Drown bis zu den neuesten experimentellen Arbeiten in den De-la-Warr-Laboratorien, fällt ein merkwürdiger Widerspruch ins Auge.

Radionik ist ihrem Selbstverständnis nach eine Diagnose- und Therapiemethode, die sich vorrangig mit der Nutzbarmachung feinstofflicher Kraftfelder und Energien befaßt, um die Krankheitsursachen festzustellen und zu bekämpfen, mit denen der Mensch und andere Bereiche der Natur es zu tun haben. In Diskussionen und Artikeln, in Diagnose- und Behandlungsmethoden sowie in den Tabellen und Büchern, die die Radionik-Kennwerte enthalten und die grundlegenden Prinzipien der Radionik-Therapie vermitteln, wird jedoch ständig auf das physische Organsystem des Menschen Bezug genommen. Dagegen findet man außerordentlich wenig brauchbares Material, das auf das Vorhandensein von zugrundeliegenden komplexen Energiesystemen hinweist, welche die Gesundheit des physischen Körpers beherrschen und bestimmen.

Der Grund für diesen Widerspruch scheint in der Tatsache zu liegen, daß die Radionik – ihrem Wesen nach eine paraphysische Diagnose- und Therapieform, die sich der Fähigkeit der außersinnlichen Wahrnehmung und des Konzepts der „Fernbehandlung“ bedient – ihre Auffassung und Betrachtungsweise von Krankheit in eine halborthodoxe Terminologie und ein herkömmliches Denkmodell gefaßt hat.

Zweifellos war Abrams gezwungen, die Theorie der Radionik in eine physiologische Terminologie einzubetten, schließlich war er Arzt, und seine Ausbildung und sein Fach legten dies nahe. Es war revolutionär genug, daß er die Zelltheorie der Krankheitsentstehung ablehnte und durch die Elektronentheorie ersetzte. Für ihn war Krankheit nicht etwas so Grobstoffliches wie eine bloße Funktionsstörung bestimmter Zellen, sondern etwas wesentlich Feinstofflicheres, Subtileres, das seiner Ansicht nach mit der grundlegenden Teilbarkeit der Materie in Zusammenhang stand. Abrams entfernte sich von einer rein physischen Betrachtungsweise von Krankheit und zeigte so, daß der Ursache von Gesundheitsstörungen schrittweise in immer feinstofflichere Bereiche hinein nachgespürt werden kann. Diese Entwicklung wirkte sich auf die Diagnose und schließlich auch auf die Therapie aus.

Sowohl Abrams als auch Drown behandelten ihre Patienten, indem sie diese direkt an das Instrument anschlossen, ähnlich wie etwa ein Physiotherapeut galvanische oder diathermische Heilverfahren anwendet. Es gibt jedoch schon aus dieser frühen Zeit in ihren Schriften Hinweise darauf, daß eine Ferndiagnose und -behandlung nicht nur in Erwägung gezogen, sondern auch erfolgreich durchgeführt wurde. Ich werde hier darüber berichten, denn die konsequente Weiterentwicklung dieses Sachverhalts führt schließlich dazu, die Möglichkeit der Anwendung der Radionik-Diagnose- und -Therapietechniken in Verbindung mit Erkenntnissen der altehrwürdigen östlichen Weisheitslehren in Betracht zu ziehen.

Abrams berichtet, daß er zunächst direkt mit dem Patienten oder einer Blutprobe des Patienten arbeitete, sich dann jedoch einem Diagnoseverfahren zuwandte, das sich die Erde selbst als Leitmedium für pathologische Energien zunutze machte. Dieses Verfahren, das er Radio-Geodiagnose nannte, erwies sich auf kurze Entfernungen als brauchbar, war über längere Distanzen jedoch nur zum Teil erfolgreich.

Daraufhin experimentierte er mit der Telediagnose, wobei er sich der Überland-Telefonleitungen bediente, um mit einer „Probe“ des Patienten in Kontakt zu treten. Diese Probe befand sich zum Beispiel in der Nähe des Telefons in einer entfernten Arztpraxis, und Abrams stellte auf diese Weise seine Ferndiagnose. Die Genauigkeit seiner Ergebnisse wurde durch Laboruntersuchungen bestätigt. Diese Versuche wurden mit Erfolg auf Entfernungen von über 800 Kilometern durchgeführt. Abrams folgerte daraus, daß pathologische Energien sich mit Hilfe von Telefonleitungen über große Entfernungen übermitteln lassen.

Das führte schließlich zur Tele-Aerodiagnose, wie Abrams sie nannte, bei der es keine sichtbare Verbindung mit dem Patienten mehr gab. Abrams war in der Lage, die Energiemuster von Krankheiten auf eine Distanz von 1 Meile (1,7 km) zu bestimmen, und bemerkte, daß sehr viel mehr Versuche in dieser Richtung nötig sein würden, um die Entfernung, in der eine Behandlung möglich ist, zu vergrößern.

Abrams verfeinerte seine Diagnose durch ständiges Experimentieren und gelangte vom direkten Kontakt zwischen Patient und Instrument schließlich zu einer Nutzbarmachung der Ätherebene als verbindendes Medium.

Es war der Chiropraktikerin Ruth Drown vorbehalten, dieses Konzept seiner praktischen Umsetzung als Fernbehandlung zuzuführen, und der Begriff „senden" fand durch sie Eingang in den Sprachgebrauch der Radionik. Im Jahre 1933 steckte dieses Verfahren zwar noch in den Kinderschuhen, doch konnten, wie Ruth Drown bemerkt, bereits viele ernste Fälle mit Hilfe dieser Methode geheilt werden.

Seit dieser Zeit hat die Radionik ihre Ferndiagnose- und Therapietechniken entwickelt und verfeinert, und heute gehören sie zum Standard des Therapeuten. Was für Abrams und Drown in den dreißiger Jahren ungewöhnlich gewesen sein mag, gilt den modernen Radionik-Therapeuten als selbstverständlich. Das Verdienst dafür gebührt zweifellos dem verstorbenen George de la Warr und seiner Gattin und deren unermüdlicher Forschungstätigkeit in ihrem Labor in Oxford.

Trotz der notwendigen Verfeinerungen und Verbesserungen der Techniken und Instrumente während der letzten 25 Jahre läßt mich der Gedanke nicht los, daß man der eigentlichen Bedeutung der Entdeckung von Abrams und Drown – der Ferndiagnose und -behandlung – nicht gerecht geworden ist. Ich bin davon überzeugt, daß diese Pioniere uns bereits im Jahre 1924 den Weg wiesen, als sie das Konzept entwickelten, daß der Mensch einen feinstofflichen Körper besitzt, den er aus dem Energiefeld der Erde erhält und der ihn mit allem Lebendigen verbindet. In den Schriften des Ostens wird dieser Körper als Ätherleib bezeichnet.

Heutzutage teilen die meisten – wenn nicht alle – Radionik-Therapeuten die Überzeugung, daß der Mensch einen Ätherleib besitzt. Das Bemerkenswerte ist jedoch, daß es bei dieser Aussage bleibt und der Therapeut in seiner Diagnose und Behandlung weiterhin Kategorien der Zellpathologie und der Organsysteme benutzt.

Die Tatsache, daß Abrams Ferndiagnosen stellte und Drown abwesende Patienten behandelte, hat eine tiefere Bedeutung, die ich außerordentlich interessant finde. Beide Forscher haben, jeder auf seine Weise, die Arbeit mit dem elektromagnetischen Feld hinter sich gelassen und damit begonnen, ein weit feinstofflicheres Energiefeld zu nutzen. Ihr Vorgehen läßt die Vermutung zu, daß sie sich das ätherische Energie- oder Kräftefeld der Erde als verbindendes Medium zu ihren Patienten zunutze machten. Dadurch demonstrierten sie, daß man den Menschen nicht mehr ausschließlich als eine willkürliche Ansammlung von Organsystemen betrachten kann, sondern als etwas Subtileres.

Der Mensch besteht aus einer Reihe von Hochfrequenz-Energiesystemen, welche ihn in den kosmischen Plan einbinden. Diese Energiesysteme besitzen ihre eigene Anatomie und Physiologie, die letztendlich die Form und Aktivität der physischen Erscheinung bestimmen, und diese Tatsache bildet die Grundlage der Diagnose und Therapie. Abrams und Drown führten diese Betrachtungsweise ein, doch wir geben uns seither damit zufrieden, an der Oberfläche der Dinge zu bleiben. Während sie sozusagen das Boot vom Stapel ließen, dümpeln wir immer noch in Ufernähe und wagen uns nicht in unerforschte Gewässer.

Es ist meine tiefinnerste Überzeugung, daß der Zeitpunkt gekommen ist, an dem die Radionik ein klares Bekenntnis zur feinstofflichen Anatomie des Menschen ablegen muß. Ich bin sicher, daß dies sogar ihre eigentliche Bestimmung ist. Die Radionik steht von ihrem ureigensten Wesen her mit den Gesetzen und Prinzipien in Beziehung, welche die ätherischen, emotionalen und mentalen Ebenen des Seins beherrschen, daher würden Techniken in Diagnose und Therapie, die auf diesen Gesetzen und Grundsätzen aufbauen, die Arbeit des Therapeuten wirksamer machen.

Die Entwicklung, die Abrams' Auffassung des Heilens durchlaufen hat, läßt sich wie folgt darstellen:

physischer Zugang mit der Zelltheorie als Ausgangspunkt	atomarer Zugang mit der Elektronentheorie als Ausgangspunkt

Ich schlage vor, diese Erkenntnisfolge zu erweitern:

physischer Ansatz	atomarer Ansatz	ätherischer Ansatz
Zelltheorie	Elektronentheorie	

Wenn man sich also von einer physisch orientierten Annäherung an die Radionik lösen will, ist es erforderlich, die Existenz von drei grundlegenden Faktoren als Arbeitshypothesen anzuerkennen.

1. Das Vorhandensein ätherischer Bildekräfte, die das gesamte All und alles Lebendige durchdringen, sei es Mensch oder Planet.
2. Die Tatsache, daß der Mensch eine feinstoffliche Anatomie besitzt, die ihn mit den Energiesystemen in seiner unmittelbaren Umgebung und mit dem Universum insgesamt verbindet, und daß die physische Form vollständig von dieser Anatomie abhängig ist, wenn sie sich manifestieren will.
3. Jedes Ungleichgewicht in dem gegenseitigen Wechselspiel der Energien auf den verschiedenen Ebenen der feinstofflichen Anatomie des Menschen oder Disharmonien zwischen dem Menschen und den ihn umgebenden Kräften haben Krankheit zur Folge.

Diese drei grundlegenden Faktoren bilden den Bezugsrahmen für einen neuen Ansatz in der Radionik, der sich durch seine Direktheit, Einfachheit und vor allem durch seine Effektivität auszeichnet. Das verwirrende Durcheinander vieler letztendlich nebensächlicher Einzelheiten, das im Verlauf einer rein körperbezogenen Radionik-Diagnose auftreten kann, wird damit aus dem Wege geräumt, denn der Mensch wird von einem ganzheitlichen Standpunkt aus betrachtet.

Ich möchte in diesem Buch einen einfachen und dennoch nützlichen, praxisorientierten Überblick über die feinstoffliche Anatomie des Menschen geben und Diagnose- und Therapieformen untersuchen, die auf dieser Arbeitshypothese gründen. Wie Dr. Tomlinson in seinem Werk *The Divination of Disease* es ausdrückte: „Schon die Behandlung eines einzigen metaphysischen Körpers eröffnet unserer Arbeit eine faszinierende Zukunftsperspektive.“

Das Folgende wird, so hoffe ich, diese Aussage bestätigen und andere Radionik-Therapeuten ermutigen, diesen Weg weiter zu verfolgen, der zu einem tieferen Verständnis ihres inneren Seins führt. Dieses tiefere Wissen ist es nämlich, das uns befähigt, auf dem Gebiet der Heilkunst erfolgreich zu wirken.

1

Die esoterische Natur des Menschen

Nur Narren begnügen sich mit der Außenansicht der Dinge, die Erkenntnis der inneren Vorgänge ist ein Geheimnis, das heilenden Menschen gehört.

Paracelsus

Seit alters gibt es die Ansicht, daß der physische Körper des Menschen lediglich die äußere Manifestation oder der sichtbare Ausdruck von feinstofflicheren Manifestationsformen ist. Hinweise auf diese unsichtbaren Körper finden sich in zahlreichen alten Schriften aus China, Indien, Ägypten und dem antiken Griechenland. Auch die Bibel bezieht sich häufig auf die feinstoffliche Anatomie des Menschen, insbesondere die *Offenbarung des Johannes*.

Es ist heute üblich, solche altehrwürdigen Überzeugungen als bloßen Aberglauben zu betrachten und diese als unnütz und jenseits aller Wissenschaftlichkeit abzutun. Erstaunlicherweise aber verraten diese Schriften, von denen manche älter als 5000 Jahre sind, daß die Seher und Philosophen jener Zeit eine erstaunlich detailreiche Kenntnis der Anatomie und Physiologie des Nervensystems und des endokrinen Systems besaßen. Das sind Gebiete, auf denen die moderne Wissenschaft noch viel zu lernen hat.

Die Mehrheit der Radionik-Therapeuten erkennt die Tatsache an, daß der Mensch einen feinstofflichen Körper besitzt, doch nur wenige betrachten ihn in der gleichen Weise wie den physischen Leib, nämlich als Körper mit einer bestimmten Form und genau definierten Funktionen. Es besteht die Tendenz, diesen feinstofflichen Körper als eine recht vage, amorphe Masse anzusehen, auf die die Heilungs-Kennwerte der Radionik projiziert werden. Mit dieser Einstellung behindern die Radionik-Therapeuten selbst die Wirksamkeit ihrer Bemühungen. Hierzu findet sich in Günther Wachsmuths Werk folgender Abschnitt:

„Die Zukunft der Heilkunst wird sich auf das Wissen um das Ätherische in der Natur und im Menschen stützen... Wenn man diese Realitäten nicht als etwas Abstraktes auffaßt, sondern als zum lebendigen Menschen Gehöriges, und sie so in ihrer Beziehung zur Welt erfaßt, gelangt man in der Heilkunst zu neuen Erkenntnissen der Pathologie und Therapie."

Dieser Abschnitt weist nicht nur auf die zukünftige Entwicklung der Heilkunst hin, wenn sie sich einmal von dem heute herrschenden Materialismus befreit hat, sondern verdeutlicht auch, daß die Realität ätherischer Kräfte und die subtilen Wirkungsweisen der Natur nicht auf eine pseudomystische Art und Weise betrachtet werden dürfen, sondern in einen in der Praxis anwendbaren Zusammenhang mit Bezug auf den lebendigen Menschen gestellt werden müssen. Die vage Vorstellung von feinstofflichen Körpern, die dem physischen Leib zugrunde liegen, muß durch die Kenntnis der Strukturen ersetzt werden, welche in einer festumrissenen Beziehung zur sichtbaren Anatomie des Menschen und ihren physiologischen Prozessen stehen.

Das Folgende ist eine Skizze der siebenfachen Natur des Menschen und der Ebenen der Materie, auf denen sich die verschiedenen Aspekte seines Seins finden. Es handelt sich um keine endgültige Darstellung, sondern um eine Arbeitshypothese. Der Leser, der sein Wissen auf diesem Gebiet vertiefen möchte, sei auf das umfangreiche esoterische Studienmaterial zu diesem Thema verwiesen, das heute zur Verfügung steht. Mit meinem Abriß möchte ich ein Bild der feinstofflichen Körper des Menschen in ihrem universellen Kontext geben und den vorher erwähnten vagen Zugang zu dem Thema durch etwas ersetzen, das in sich stimmiger und anwendbarer ist und mehr der Realität entspricht.

Die sieben Ebenen, auf denen das Wesen des Menschen sich entfaltet, sind, von oben nach unten gesehen, folgende:

die erste oder göttliche Ebene; die zweite oder monadische Ebene; die dritte oder spirituelle Ebene; die vierte oder intuitive Ebene; die fünfte oder mentale Ebene; die sechste oder emotionale Ebene und schließlich die siebte oder physische Ebene.

Jede dieser Ebenen kann wiederum in sieben Unterebenen unterteilt werden, so daß wir insgesamt 49 Ebenen zählen. Der höchste Aspekt des Menschlichen findet sich auf der monadischen Ebene; er findet seinen Ausdruck durch die Seele, welche sich in den höheren Mentalebenen befindet. Die Seele wiederum bedient sich des niederen Selbst, um in den drei Welten des niederen Mentalen, des Emotionalen und des Physischen Erfahrungen zu sammeln.

Mit anderen Worten: Der Mensch manifestiert sich als eine Triplizität oder Dreiheit aus Geist, Seele und Körper. Der reine Geist entspricht dem Vater im Himmel, die Seele ist das höhere Selbst, während der Körper das niedere Selbst darstellt. Das niedere Selbst ist seiner Natur nach ebenfalls eine Dreiheit, bestehend aus einem mentalen Körper, dem emotionalen oder astralen sowie dem physisch-ätherischen Körper.

Das niedere Selbst könnte als Quaternität oder Vierheit angesehen werden, wenn man den physischen und den ätherischen Körper als einzelne Wesenheiten auffaßt. Vom esoterischen Gesichtspunkt jedoch wird der physische Körper – in Gegensatz zum Ätherleib – nicht als Grundprinzip aufgefaßt, und für unsere Zwecke ist der physische Körper gleichbedeutend mit dem ätherischen.

Die graphische Darstellung soll das Gesagte veranschaulichen. Die letzte Anmerkung wurde nur der Vollständigkeit halber gemacht; Interessierte seien zur Vertiefung auf die entsprechende Literatur verwiesen. Der Radionik-Therapeut, der hieran lediglich in Hinblick auf die praktische Anwendung in Diagnose und Therapie interessiert ist, muß seine Aufmerksamkeit auf das richtige Verständnis der mentalen, emotionalen und ätherischen Ebene konzentrieren.

Kurz zusammengefaßt: Der Mentalkörper ist die Ebene des Bewußtseins oder von *Chitta*, wie die Bezeichnung in der Philosophie des Ostens (Indiens) lautet. Der Mentalkörper ist das subtilste Vehikel, dessen sich die Seele bedient.

Der Astralleib ist das Medium, durch das Emotionen erfahren werden. Auf dieser Ebene wird das Wechselspiel der Begierden erlebt, weshalb der Astralleib auch als „Körper des Verlangens“ bezeichnet wird. Hier wird die Polarität von Freude und Leid, Angst und Mut und so fort erlebt. Die meisten Menschen leben sehr stark durch diese Ebene; eine Folge davon sind Krankheitszustände, die ihre Ursache in dem ständigen, chaotischen Wech-

Die sieben Ebenen und die feinstoffliche Anatomie des Menschen

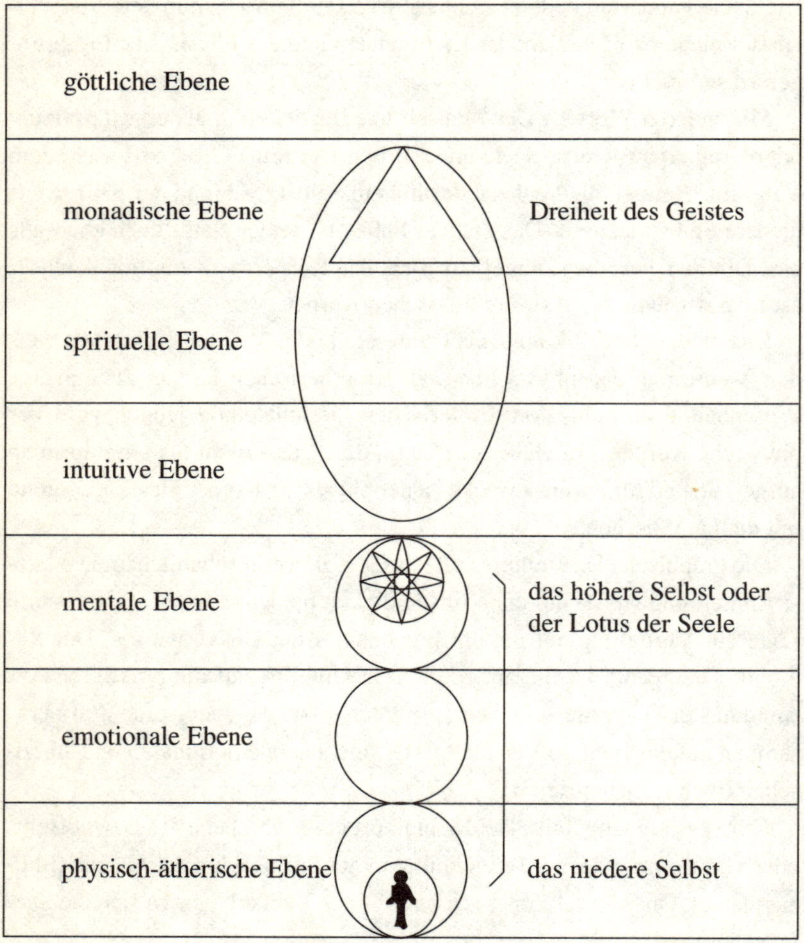

selspiel von Energien in diesem Bereich haben. Aus diesem Grund muß der Radionik-Therapeut lernen, diese Zusammenhänge zu verstehen.

Der Ätherleib, die dichteste der feinstofflichen Ebenen, vitalisiert und energetisiert den physischen Körper und bindet das Individuum in das Energiefeld der Erde ein.

Der physische Körper mit seinen verschiedenen Organsystemen und seinen festen, flüssigen und gasförmigen Substanzen ist der Ort, den die Seele wählt, wenn die Zeit gekommen ist, sich auf der physischen Ebene zu manifestieren.

Als der heilige Johannes in der *Offenbarung* sagte: „Und die Stadt ist viereckig angelegt", beschrieb er damit jene Energien, aus denen sich der Mechanismus der Seele bei ihrem Herabsteigen in das Energiefeld der Erde zusammensetzt, wobei jeder energetische Ausdruck das Bild der Gesundheit des Individuums trägt. Diese Emanationen verraten dem Radionik-Therapeuten, was dem Patienten fehlt, und deshalb wird der Therapeut desto größere Erfolge mit seiner Behandlung aufweisen können, je mehr er über die feinstoffliche Anatomie des Menschen weiß.

2

Der Ätherleib

Durch das Studium des Ätherkörpers erschließt sich (den Wissenschaftlern und Angehörigen der Heilberufe) ein tieferes Verständnis der Gesetze der Materie und der Gesundheit.

Alice A. Bailey: *Eine Abhandlung über kosmisches Feuer*

Die Theorie des Ätherleibs oder -körpers hat ihren Ursprung in den esoterischen Lehren des Ostens, in denen das Hauptaugenmerk auf die feinstoffliche Natur des Menschen gerichtet ist. Die östlichen Weisheitslehren gehen davon aus, daß der physische Körper lediglich die äußere Manifestation von inneren, subjektiven Energien ist.

Dieser Körper, der aus feinen Energiefäden oder Kraft- und Lichtbahnen besteht, ist der Archetypus, das Urmodell, auf dem sich der dichte, grobstoffliche physische Körper aufbaut. Der Ätherkörper kann vielleicht am besten beschrieben werden als ein Energiefeld, welches jeder Zelle und jedem Atom des physischen Körpers zugrunde liegt, jeden Teil des physischen Körpers durchdringt und diesen in Gestalt der sogenannten „Aura der Gesundheit" umgibt. Die Bibel bezeichnet dieses Phänomen als „goldene Schale". Hellsichtige Menschen sehen diese Aura oft als Netz oder Gewebe, das von einem goldenen Licht belebt wird.

Dieses ätherische Gefüge besteht aus Material aus den vier Äthern, das sich zu einer bestimmten Form fügt. Das Netzwerk feiner, röhrenförmiger und fadengleicher Kanäle, die man als die Nadis bezeichnet, hat einen Bezug zu dem zerebrospinalen und dem sympathischen Nervensystem. Je nach der Qualität der Energie, die sie transportieren, leiten diese Kanäle sie über die Chakren (Energiezentren) des Ätherkörpers in bestimmte Regionen des physischen Körpers.

Die integrale Einheit des Ätherleibs und des physischen Körpers stellt das wichtigste leibliche Medium des Menschen dar, da es die physikalische Welt mit der feinstofflichen verbindet. Durch diese Einheit können die fünf Sinne auf der physischen Ebene funktionieren, und in einer fortschreitenden Entwicklung ist der Mensch dadurch imstande, die Wirkung der Energien wahrzunehmen, die ihm aus höheren Bereichen zufließen.

Sieben Stufen oder Unterebenen physischer Materie bilden die physisch-ätherische Einheit. Sie lassen sich wie folgt aufführen:

	erster Äther	
	zweiter Äther	
	dritter Äther	Ätherkörper
der physische Mensch	vierter Äther	
	gasförmig	
	flüssig	physischer Körper
	fest	

Diese Abstufungen der Materie sollte man sich nicht als isolierte Schichten vorstellen, sondern als ein homogenes Kraftfeld, welches eine Vielfalt von Hochfrequenz-Energien enthält, die durch die Seele zusammengehalten werden.

Jede der vier Arten der feinstofflichen Materie oder des Äthers ist, der jeweiligen Ebene entsprechend, auf der sie sich befindet, in besonderer Weise spezialisiert. Wir folgen Dr. Günther Wachsmuth, der in seiner Untersuchung der formgebenden ätherischen Kräfte die vier Ätherformen wie folgt beschreibt: Wärme-Äther, Licht-Äther, chemischer Äther und Lebens-Äther.

Jeder dieser Ätherarten besitzt eigene, spezifische formgebende Eigenschaften. Die in der Abbildung dargestellten geometrischen Grundformen geben einen Hinweis auf die jeweils vorherrschenden ätherischen Kräfte.

Der Ausdruck dieser geometrischen Grundformen in der Natur zeigt die jeweils vorherrschende, formgebende ätherische Kraft an, die wirksam ist. Die Strukturen von Gemüsepflanzen sind hierfür ein anschauliches Beispiel, aber auch die Organe des menschlichen Körpers. So können wir zum Beispiel den chemischen Äther als dominante formgebende Kraft erkennen,

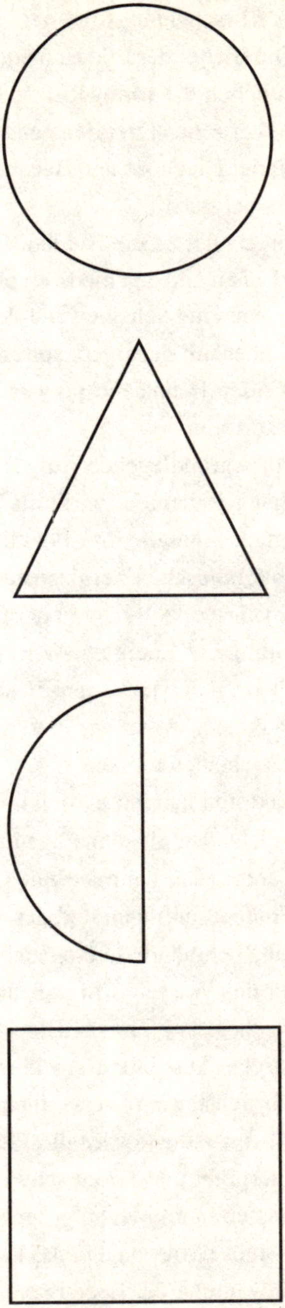

Wärme-Äther Kreisformen

Licht-Äther Dreiecksformen

chemischer Äther Halbmondformen

Lebens-Äther Quadratformen

der das halbmondförmige Erscheinungsbild der Herzklappen und der Venenklappen bestimmt. Die Blätter der Pflanzen und Bäume und die Formen der Kristalle veranschaulichen die formgebende Aktivität der Äther. Wir werden den Fluß dieser ätherischen Energien genauer in den Kapiteln 7 und 8 behandeln, die sich mit der Diagnose und Behandlung von Krankheitszuständen des Ätherkörpers befassen.

Im menschlichen Körper gibt es ein Symbol für die Abgrenzung zwischen den höheren ätherischen und den niederen physischen Ebenen: Es ist das Zwerchfell, welches wie eine Scheidewand den oberen Körperbereich mit seinen Organen, die eher mit geistigen, spirituellen Aktivitäten zu tun haben, von den Eingeweiden trennt, die notwendige, wenn auch prosaischere Körperfunktionen erfüllen.

Der Ätherkörper hat drei grundlegende Aufgaben, welche alle eng miteinander in Zusammenhang stehen. Er wirkt als Empfänger, Assimilator und Verteiler von Energien. Sind alle drei Funktionen im Gleichgewicht, dann drückt sich dieser harmonische Energieaustausch als Gesundheit aus. Der Schlüssel zur wahren Gesundheit liegt in der richtigen Aufnahme, Assimilation und Weiterleitung der Energien. Wir kennen zahlreiche Faktoren, die den harmonischen, gleichmäßigen Kreislauf der Energien durch den Ätherkörper stören können, wobei wir hier zwischen subjektiven und objektiven Faktoren unterscheiden müssen.

Bei den objektiven Faktoren handelt es sich um Hindernisse im ätherischen Medium selbst, welche den gleichmäßigen Energiefluß in alle Teile des Organismus erschweren. Man kann sie mit großen Felsbrocken vergleichen, die in einem Flußbett aufragen und das Wasser auf seinem Weg zurück zu seinem Ursprung behindern. Diese Felsbrocken verursachen entweder eine Stauung, oder das Wasser wird reißend bei dem Versuch, sich einen Weg zu bahnen.Bei diesen objektiven Blockaden handelt es sich um Miasmen, Toxine, physische Anomalien sowie erkrankte oder traumatisierte Bereiche. Am gefährlichsten sind vermutlich die Miasmen und Toxine, da ihr Vorhandensein im Ätherkörper die Gesundheit auf besonders heimtückische Weise untergräbt und oft zu schweren organischen Leiden führt. Man kann die Miasmen in drei Hauptgruppen einteilen: das syphilitische Miasma, das tuberkulöse Miasma und das kanzeröse oder Krebs-Miasma. Diese können sich während der Lebensspanne des Individuums gebildet haben, aber auch vererbt sein. Wenn ein menschliches Wesen sich inkarniert, entnimmt es, wie es heißt, die Substanz für seinen Ätherleib dem Ätherkörper der Erde, und die Substanz für seine physische Gestalt entstammt der Erde selbst. Diese Erdmaterie, welche durch unzählige erkrankte und gestorbene Körper verunreinigt ist, die in Millionen Jahren begraben wurden, trägt den Keim zu diesen drei Hauptkrankheiten in sich. Indem nun das Individuum daraus die Substanz für seinen Körper entnimmt, wird es möglicherweise, wenn ihm diese Erfahrung bestimmt ist, die Elemente mit aufnehmen, die ihn für bestimmte Krankheitsmuster prädisponieren.

Es ist schwierig, den Begriff „Miasma" korrekt zu definieren, doch kann man sich darunter ein paraphysisches Krankheitsmuster vorstellen, das, in verschiedenen Abstufungen von Intensität und Aktivität, seinen Ort im Ätherleib hat. Dieses Krankheitsmuster befindet sich stets im vierten oder Lebens-Äther. Seine bloße Anwesenheit beeinträchtigt bereits die Gesundheit. Wenn der Mensch nun ein exzessives Leben führt, kann das Miasma in dem Maß aktiviert werden, in dem der Mensch die Naturgesetze überschreitet. Oft lösen schlimme Stürze oder emotionale Schockzustände das Miasma aus dem vierten Äther, und schwerwiegende pathologische Veränderungen sind die Folge. Wir können sehr häufig in Fallgeschichten von Patienten nachlesen, daß ihre Gesundheit nach einem Sturz oder Schock plötzlich nachließ.

Ebenso wie Miasmen behindern auch Toxine oder Giftstoffe den Energiefluß im Ätherkörper. Diese Giftstoffe können bakteriellen oder chemischen Ursprungs sein. Kinderkrankheiten können giftige Rückstände zurücklassen, die die Gesundheit des Menschen noch viele Jahre belasten. Auch Drogen und chemische Stoffe, welche unsere Nahrung und die Umwelt verschmutzen, hinterlassen giftige Rückstände. All diese Faktoren stören die Funktion des Ätherkörpers; daher ist es für einen guten Gesundheitszustand wesentlich, diese Rückstände zu eliminieren.

Zwischen dem Ätherkörper und den Nieren besteht eine tiefe, esoterische Beziehung. Beide sind mit dem Empfang, der Assimilierung und der Weiterleitung von Energien betraut, wobei die Niere diese Aufgabe im physischen Körper innehat. Ich halte es für bedeutsam, daß Nierenerkrankungen in unserer Zeit zunehmen; diese Tatsache weist auf die enormen Belastungen hin, denen unser Ätherkörper in der modernen Zivilisation ausgesetzt ist.

Eine Stauung im Ätherkörper ist eine Hauptursache von Krankheiten. Dieser Stau kann objektiv, das heißt durch Miasmen und Toxine verursacht sein oder auch durch subjektive Faktoren in den Chakren oder Energiezentren des Ätherkörpers entstanden sein. Wenn der Energiefluß in einem der Chakren gestört ist, kann es zu einem Stau kommen, der sich im Äther- oder dem Astralkörper zeigt.

Eine weitere Hauptursache für Krankheiten liegt in der Überstimulierung des Ätherkörpers und seiner Chakren. Um hier die Gesundheit wiederherzustellen, ist es notwendig, die Gründe für die Überstimulierung herauszufinden und diesen Zustand zu korrigieren.

Der Mangel an Koordination zwischen dem Ätherleib und dem physischen Körper kann ebenfalls einen schlechten Gesundheitszustand zur Folge haben. Dies ist häufig bei medial begabten Menschen der Fall, wo im Verlauf der Trance der Ätherkörper vom physischen Körper getrennt wird, um einer entkörperlichten Wesenheit Platz zu machen. Epilepsie, Schwächezustände, Impotenz, Besessenheit und Laryngitis (Kehlkopfentzündung) sind der Ausdruck eines verschieden starken Mangels an Koordination zwischen dem Ätherleib und dem physischen Körper.

Zusammenfassend können wir feststellen, daß der Ätherleib das Instrument des Lebens ist, welches den physischen Körper hervorbringt und am Leben erhält. Der Ätherleib ist der wahre Mittler oder das unsichtbare Bindeglied zwischen der physischen Welt und den subjektiven Bereichen der astralen und mentalen Ebene. Die Gesundheit des physischen Körpers hängt davon ab, ob der Ätherleib Energien in der richtigen Art und Weise empfängt und weitergibt. Radionik-Therapeuten sollten sich bewußtmachen, daß der Ätherleib ein sehr starker Empfänger von Einflüssen ist, die auf dem Weg über die Chakren ins Bewußtsein dringen.

3

Die Energiezentren

> Die Bedeutung der sieben Zentren für jedes medizinische System, sei es östlich oder westlich, ist bis jetzt noch nicht voll erkannt und gewürdigt worden. Das ist in der Tat bedauerlich.
>
> Dr. B. Bhattacharya, *Gem Therapy*

Nach der vorangegangenen grundlegenden Schilderung des Ätherkörpers können wir uns diesem nun im einzelnen zuwenden und eine detaillierte Beschreibung der Chakren oder Energiezentren geben, die an bestimmten Stellen des Ätherkörpers ihren Platz haben. Diese Chakren sind für den Therapeuten von entscheidender Bedeutung: Sie sind nämlich die Brennpunkte, die die Energien empfangen, welche den physischen Körper vitalisieren. Die heilenden Energien werden über diese Kraftzentren in die erkrankten Stellen des Körpers geleitet, um einen Zustand des Gleichgewichts und damit der Gesundheit herzustellen.

Die Energiezentren oder Chakren befinden sich an der Oberfläche des Ätherkörpers und erscheinen als kreisende Energiewirbel feinstofflicher Materie. Jedes Chakra besteht aus konzentrischen, einander durchdringenden Energiewirbeln, deren Rotation im dem Ausmaß beschleunigt und intensiviert wird, in dem die innere Entwicklung des Menschen voranschreitet, bis das Chakra vierdimensional wird und damit in der Lage ist, Energien auf harmonische Art und Weise zu empfangen und weiterzugeben.

Das Chakra kann als der Brennpunkt definiert werden, in dem Energien empfangen und weitergeleitet werden. Diese Energien können aus zahlreichen verschiedenen Quellen stammen, zum Beispiel aus dem Kosmos, dem kollektiven Unbewußten einer Nation oder der Menschheit, aber auch aus den physischen, emotionalen oder mentalen Ebenen des niederen Selbst.

Alle diese Energien wirken auf die menschliche Bewußtseinsform ein, die wir Individuum nennen, und bestimmen dessen Handlungsweise, seine Stimmungen und Charakterzüge.

Die Chakren des Ätherkörpers treten dort in Erscheinung, wo die Energieströme sich immer wieder kreuzen. Die sieben Hauptchakren bilden sich an der Stelle, wo die Energiebahnen sich 21mal kreuzen. Die nachgeordneten Chakren, von denen es 21 gibt, befinden sich da, wo die Energieströme sich 14mal kreuzen. Wo sich die Energielinien siebenmal kreuzen, entstehen Chakren von untergeordneter Bedeutung, 49 an der Zahl, wie man annimmt. Darüber hinaus gibt es noch zahlreiche winzige Energiezentren, die vermutlich den Akupunkturpunkten der chinesischen Medizin entsprechen.

Die Chakren haben drei Hauptfunktionen:

1. Den physischen Körper zu vitalisieren.
2. Den Prozeß der Bewußtwerdung voranzutreiben.
3. Spirituelle Energie weiterzuleiten, um den Menschen in einen spirituellen Seinszustand zu versetzen.

Diese Kraftzentren sind ihrem Wesen nach Verteiler oder Vermittlungsstellen, welche den Menschen mit dynamischer Kraft und wertvoller Energie versorgen. Sie wirken bestimmend auf sein äußeres Erscheinungsbild ein, und durch ihre ständige Aktivität bilden sich seine Charaktereigenschaften heraus.

Für den Radionik-Therapeuten ist es wichtig, eine klare Kenntnis des Energieflusses und seiner Beziehung zu den Funktionen der Kraftzentren zu haben. Der Therapeut sollte nie den Lehrsatz vergessen: *Die Energie folgt dem Gedanken.* Ein deutlich visualisiertes Bild des Weges, den die heilenden Energien auf dem Weg zu ihren Bestimmungsorten, den Organsystemen, über die Chakren nehmen, wird im Endeffekt die wohltätige Wirkung seiner Arbeit deutlich verstärken.

Die einströmende Energie, die als primäre Energie bezeichnet wird, kann ein Heil-Kennwert, eine Farbe oder eine homöopathische Potenz sein, die auf radionischem Wege gesendet wird und in das Chakra des Ätherkörpers eindringt. Hier wird die jeweilige Primärenergie durch einen Differenzierungsvorgang in die entsprechende sekundäre Energie umgewandelt. Dies geschieht automatisch, wobei die Schnelligkeit der Umwandlung und ihre Wirkung vom Zustand des Chakras abhängen.

Nachdem die sekundären Energien durch das Chakra hindurchgegangen sind, wirken sie auf die Nadis oder Energiekanäle weiter und lösen eine Reaktion des Nervensystems aus, das auf diesem Wege den Impuls an diejenige endokrine Drüse weitergibt, die mit dem jeweiligen Chakra verbunden ist. Dies hat eine Ausschüttung der entsprechenden Hormone in die Blutbahn zur Folge. Auf diese Weise üben diese sekundären Energien ständig einen Einfluß auf den Menschen, sein Wesen und sein Befinden aus.

Viele Gesundheitsstörungen unserer Zeit lassen sich direkt auf den Zustand der Chakren zurückführen, da diese das richtige Funktionieren der vorgenannten Körpersysteme bestimmen. Ein vollkommenes, harmonisches Zusammenspiel zwischen den Nadis, den Nerven und endokrinen Drüsen zeigt sich als Freiheit von Krankheit. Die meisten früher im Westen erschienenen Werke über die Kraftzentren des menschlichen Körpers widmen der Verbindung der Chakren zum endokrinen System nur sehr wenig Aufmerksamkeit und vernachlässigen daher die Wirkung, die diese Beziehung auf die Gesundheit des Menschen hat. Dieser wichtige Faktor darf jedoch nicht übersehen werden, wenn wir ein klares und praktisch anwendbares Bild der ätherischen Abläufe und Vorgänge gewinnen wollen.

Im wesentlichen hat es der Therapeut mit dem Fluß und der Verteilung von Energie zu tun. Seine Aufgabe ist es, die Störungen zu diagnostizieren, welche bei der Aufnahme, Assimilierung und Verteilung der Energien auftreten, wenn diese in den Ätherkörper eintreten und dort zirkulieren. Die Illustration auf Seite 32 zeigt den normalen Verlauf eines Energiestroms, der in ein Chakra fließt und ungehindert an den Ort seiner Bestimmung strömt.

Die Chakren des Ätherkörpers befinden sich in verschiedenen Aktivitätszuständen. Sie spiegeln die physische, emotionale, mentale und spirituelle Beschaffenheit des Individuums wider und können in jeder der Formen vorkommen, die durch die folgenden Symbole dargestellt werden.

Der Kreis: Das Chakra hat die Gestalt einer untertassenartigen Vertiefung. Es ist geschlossen und unbeweglich oder kreist nur sehr langsam. Seine Aktivität besitzt keine nennenswerte Intensität, die innewohnende Energie ist nur als schwacher Glanz wahrnehmbar. Weiterhin symbolisiert das Zeichen den menschlichen Körper, wie er vom ätherischen Standpunkt aus wahrgenommen wird. Diese Form versinnbildlicht die einzelne Zelle im menschlichen Körper oder das Atom in der Physik.

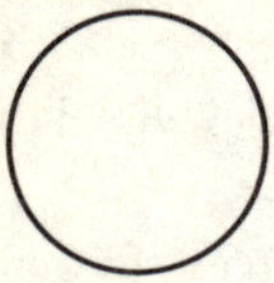

Der Kreis mit einem Punkt in der Mitte: Das Chakra öffnet sich mit pulsierenden Bewegungen. In der Mitte der untertassenartigen Vertiefung befindet sich ein glühender Energiepunkt, und die Rotation des Chakras wird schneller.

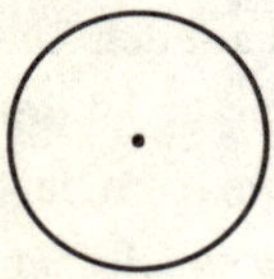

Der zweigeteilte Kreis: Hier nimmt die Aktivität des Chakras weiter an Lebhaftigkeit zu. Der Energiepunkt im Zentrum dehnt sich zur Peripherie hin aus. Er leuchtet heller, und durch seine kreisende Bewegung wird Energie nach zwei Richtungen frei, was den Eindruck eines zweigeteilten Kreises vermittelt. Die Vertiefung wandelt sich zu einem Energiewirbel, der heller leuchtet.

Der viergeteilte Kreis: Dieses Symbol versinnbildlicht das strahlende, aktive Chakra, das sich mit anderen Kraftzentren zu verbinden sucht. Nicht nur der Kreis ist in rotierender Bewegung, sondern auch das Kreuz dreht sich und bietet ein Bild von großer Schönheit. Dieser Kreis zeigt einen hohen Stand der inneren Entwicklung an und stellt den wahren Kreis der Materie dar, das gleicharmige Kreuz des Heiligen Geistes.

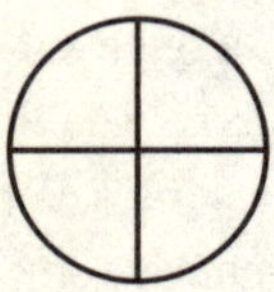

Die Swastika: Symbolisiert die Ausdehnung des Energiepunkts vom Mittelpunkt des Chakras an die Peripherie und sein Kreisen um diese Peripherie. Dieses feurige Rad versinnbildlicht die Materie im Zustand der höchsten Aktivität, durch und durch

> glühend und leuchtend. Ein Chakra in diesem Zustand wird vierdimensional und wird besser als eine Kugel anstatt als Rad beschrieben. Ein Chakra dieser Art befindet sich in vollständiger Harmonie mit den anderen Kraftzentren.

Im Verlauf des Diagnoseverfahrens wird sich herausstellen, daß jedes Chakra des Patienten sich in einem der ersten vier Aktivitätszustände befindet. Aufgrund dieses Ungleichgewichts und des Unvermögens, die Energieströme, welche durch den menschlichen Körper fließen, in der richtigen Weise zu beeinflussen, kommt es zu Krankheiten und Leiden.

Beim Meister Jesus Christus befanden sich alle sieben Hauptchakren in einem vollkommenen Gleichgewicht, jedes Kraftzentrum war in der richtigen Art und Weise erweckt und energetisiert – so war er die Verkörperung des vollkommenen Menschen. Das ist das Beispiel und die Verheißung, die er uns gab: Jeder Mensch könne wie er die Vollkommenheit erreichen und den göttlichen Plan erfüllen.

Die Hauptaufgabe des Therapeuten besteht darin, den Zustand der einzelnen Hauptchakren festzustellen. Diese Kraftzentren müssen in der richtigen Art und Weise arbeiten, um den physischen Körper mit der richtigen Menge und Art von Energie zu versorgen. Jede Abweichung vom idealen Zustand schafft ein Ungleichgewicht, welches schließlich zu einer organischen Erkrankung führen kann.

Die Kraftzentren können durch traumatische Unfälle und besonders durch emotionale Schockerfahrungen geschädigt werden. Auch nagende Furcht und ständige Angstgefühle können durch ihre fortdauernde Aktivität das funktionale Gleichgewicht stören. Die Chakren sind häufig blockiert, und zwar entweder an der Stelle, an der die Energie eintritt, oder an dem Punkt, wo sie austritt, um in den Ätherkörper zu fließen. Tritt eine Blockierung an der Eingangsstelle auf, so strömt die Energie häufig zu ihrem Ausgangspunkt auf der astralen oder mentalen Ebene zurück. Dies hat psychische Störungen und eine Fehlfunktion des endokrinen Systems zur Folge. Befindet sich die Blockierung am Austrittspunkt, so sammelt sich an dieser Stelle so viel Energie an, bis genug Druck herrscht, daß sie die Blockierung überwinden und die ihr zugeordnete endokrine Drüse stimulieren kann. Die Folge ist ein ungeregeltes Funktionieren der endokrinen Drüsen mit den

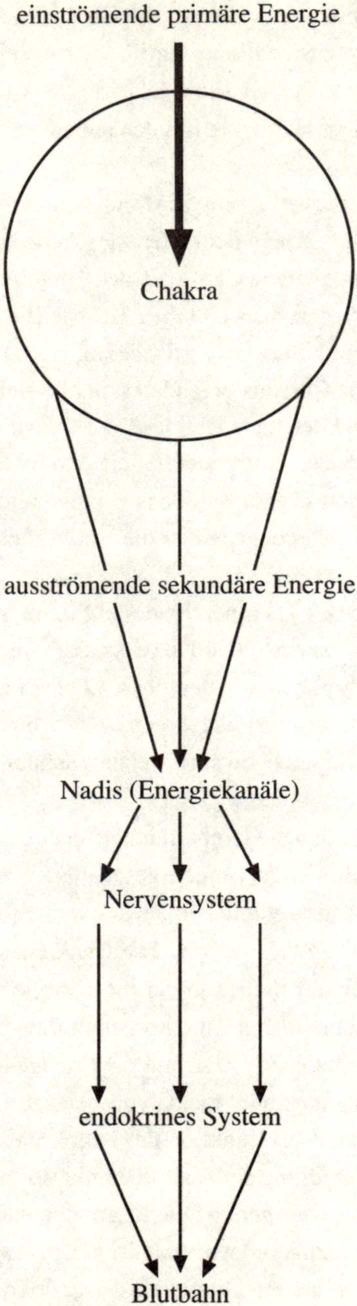
einströmende primäre Energie
Chakra
ausströmende sekundäre Energie
Nadis (Energiekanäle)
Nervensystem
endokrines System
Blutbahn

entsprechenden körperlichen und psychischen Begleiterscheinungen. Hierbei handelt es sich um Blockierungen subjektiver Natur, im Gegensatz zu objektiven Blockierungen, die durch Miasmen und Toxine verursacht werden.

Das Diagramm auf der folgenden Seite veranschaulicht die Lage der sieben Hauptchakren, zeigt die ihnen zugeordneten Drüsen und die Körperbereiche, die ihnen direkt unterstehen. Man sollte sich stets vor Augen führen, daß jedes Chakra zwar von feinstofflicher Art ist, sich aber auf der physischen Ebene als eine endokrine Drüse manifestiert, ebenso wie die Nadis (Energiekanäle) als Nervensystem materielle Gestalt annehmen. Manche Autoren legen besonderen Wert darauf, daß das physische Nervengeflecht und die endokrinen Drüsen nicht mit den Chakren selbst verwechselt werden dürften. Das ist zwar richtig: Man sollte sie nicht für die Chakren selbst halten. Andererseits finde ich eine streng getrennte Betrachtungsweise nicht richtig. Man kann gar nicht deutlich genug betonen, daß die feinstoffliche Anatomie in direkter Beziehung zur physischen steht. Wenn man sie als zwei voneinander unabhängige Phänomene betrachtet, gelangt man zu einem verzerrten Bild des ganzen Menschen.

Die Lokalisierung der Chakren in unserem Diagramm weicht – mit Ausnahme des Scheitel- und des Ajna Chakras – von der im Westen vorherrschenden Darstellungsweise ab. Die restlichen fünf Hauptchakren befinden sich nicht an der Vorderseite des Körpers, sondern haben ihren Sitz entlang der Wirbelsäule, etwa 2 bis 3 cm innerhalb der Oberfläche des Rückens.

Es ist dem Einfluß der Arbeit der astralen Medien zuzuschreiben, wenn wir gewöhnt sind, den Sitz der Chakren an der Vorderseite des Körpers anzunehmen. Der Grund dafür liegt darin, daß diese Medien gern mit bestimmten Involutionsenergien arbeiten. So haben sie durch ihre Unfähigkeit, richtig zu „sehen", die Chakren an der Vorderseite des Körpers angesiedelt anstatt an der Wirbelsäule, entlang dem „evolutionären Pfad".

Eine weitere Ungenauigkeit in der westlichen Literatur über Chakren betrifft die Einschätzung des Milz-Chakras als eines der Hauptchakren. Das Milz-Chakra ist zwar von lebenswichtiger Bedeutung, zählt jedoch nicht zu den Hauptkraftzentren. Frühere Autoren, die es so eingestuft haben, mußten dafür ein anderes Chakra auslassen, um die Zahl sieben zu erhalten. Sie unterschlugen daher das Kreuzbein-Chakra und schrieben des-

Die 7 Hauptchakren der Wirbelsäule

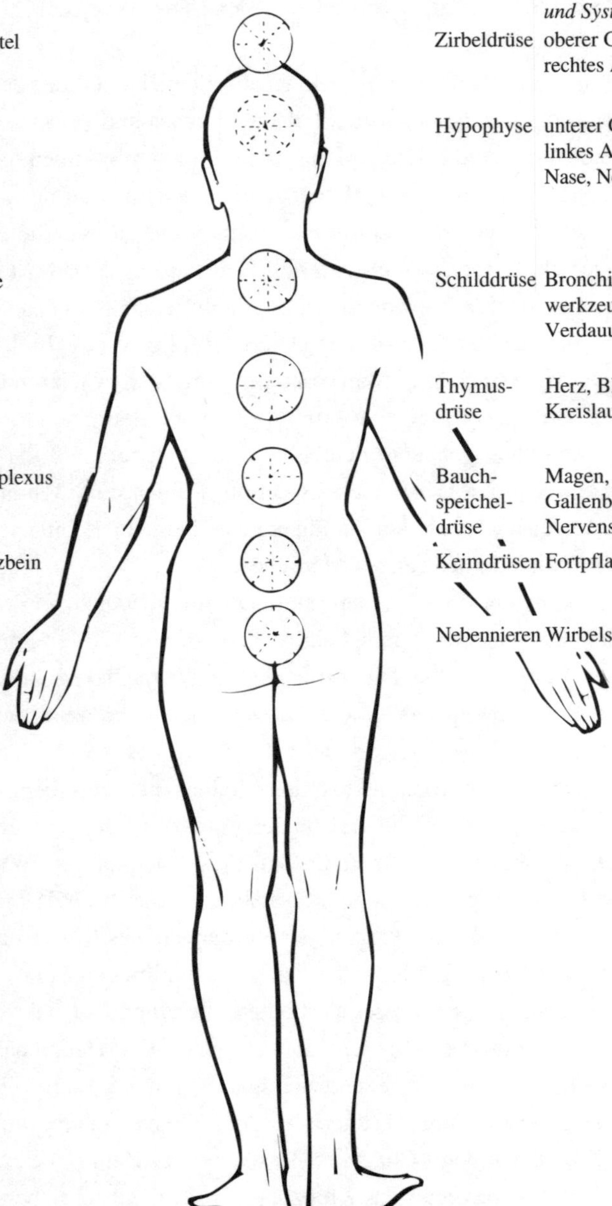

Chakra	*Drüse*	*Zugeordnete Organe und Systeme*
Scheitel	Zirbeldrüse	oberer Gehirnabschnitt, rechtes Auge
Ajna	Hypophyse	unterer Gehirnabschnitt, linkes Auge, Ohren, Nase, Nervensystem
Kehle	Schilddrüse	Bronchien und Stimmwerkzeuge, Lungen, Verdauungstrakt
Herz	Thymusdrüse	Herz, Blut, Vagus, Kreislaufsystem
Solarplexus	Bauchspeicheldrüse	Magen, Leber, Gallenblase, Nervensystem
Kreuzbein	Keimdrüsen	Fortpflanzungssystem
Basis	Nebennieren	Wirbelsäule, Nieren

Die 21 nachgeordneten Chakren

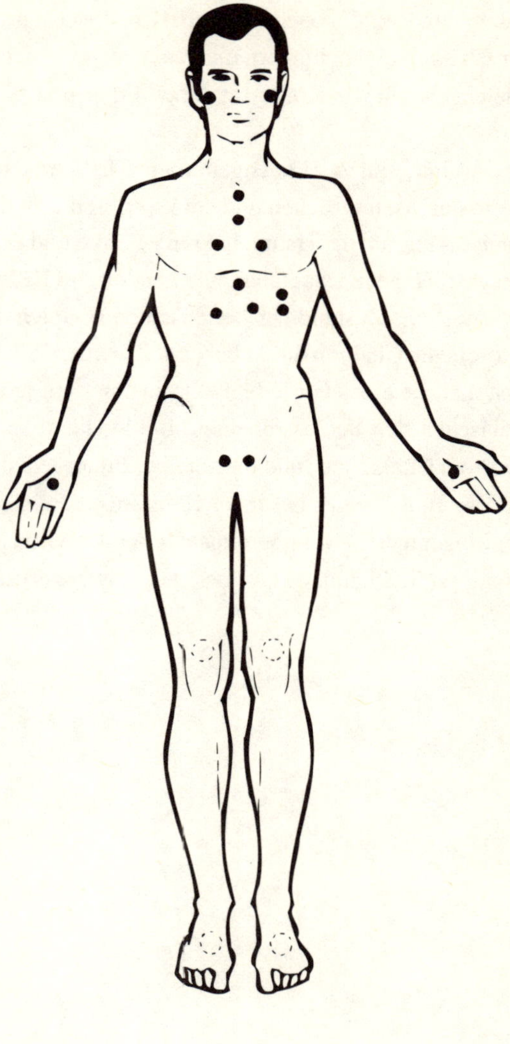

Bei der Lokalisierung dieser Chakren handelt es sich um Annäherungen. Die kräftigen Punkte zeigen Chakren, die sich an der Vorderseite des Körpers befinden, während die gestrichelten Kreise auf einen Standort an der Körperrückseite verweisen.

sen Aktivität dem Basis-Chakra zu, dem, wie wir gesehen haben, jedoch die Nieren und die Wirbelsäule zugeordnet sind. Diese vielfachen Ungenauigkeiten verhindern eine eindeutige, klare und praktisch anwendbare Beschreibung der Chakren und behindern die Wirksamkeit jeder Behandlung, welche ein Gleichgewicht der Kräfte im Ätherkörper und seinen Chakren anstrebt.

Wie vorher erwähnt, gibt es 21 nachgeordnete Chakren. Diese Kraftzentren werden beim durchschnittlichen und dem spirituell weiterentwickelten Menschen von der Aktivität der Hauptchakren gelenkt, und Störungen werden über das nächstgelegene Hauptchakra behandelt. Im Fällen jedoch, wo Inaktivität der natürliche Zustand des betreffenden Hauptchakras ist, müssen die nachgeordneten Chakren direkt behandelt werden. Sie befinden sich an folgenden Stellen: je eines vor jedem Ohr, je eines auf jeder Brustseite, eines genau zwischen den Schlüsselbeinen. Beide Handflächen und Fußsohlen weisen je ein Chakra auf, und unmittelbar hinter jedem Auge befindet sich eines. Wir finden eines bei jeder Keimdrüse, ein weiteres bei der Leber, eines in Magennähe, zwei übereinander bei der Milz, je eines hinter jedem Knie und schließlich je eines bei der Thymusdrüse sowie dem Solarplexus.

4

Die sieben Hauptchakren der Wirbelsäule

Und ich sah in der rechten Hand des, der auf dem Stuhl saß, ein Buch, geschrieben inwendig und auswendig, versiegelt mit sieben Siegeln.

Die Offenbarung des Johannes

Die wörtliche Übersetzung des Begriffes „Chakra" lautet „Rad". Es bezeichnet die Konzentration oder multikonzentrische Manifestation des dynamischen Lebensprinzips im Raum. Die alten östlichen Weisheitslehren sprechen vom Universum als einem gigantischen Mandala, das wiederum zahlreiche weitere Mandalas oder konzentrische Energie- oder Kraftfelder in sich birgt.

Im menschlichen Körper stellen die Chakren oder psychischen Energiezentren die räumliche Entfaltung der universellen Kraft des Makrokosmos auf der Ebene des Mikrokosmos dar und legen Zeugnis für die Wahrheit der altehrwürdigen hermetischen Erkenntnis „Wie oben, so unten" ab.

Das geordnete Herabsteigen der Seele durch aufeinanderfolgende Abstufungen von feinstofflicher und physischer Substanz vermittelt uns ein anschauliches Bild von der Wirkungsweise der Natur und von der Kontinuität der Verbindung zwischen der feinstofflichen und physischen Anatomie. Wir wollen diesen „Abstieg" der Seele etwas genauer betrachten.

Während des Prozesses der Inkarnation zieht die Seele soviel *Chitta* oder Bewußtsein an sich, wie nötig ist, um den Mentalkörper zu bilden. Als nächste Stufe wird die weniger vergeistigte Substanz der Astralebene zur Bildung des Emotionalkörpers herangezogen. Der nächste Schritt ist die Formung des Ätherkörpers aus einer grobstofflicheren Substanz als derjenigen des Mental- bzw. Emotionalkörpers. Das feinstoffliche Nervensystem der Nadis (Energiekanäle) seinerseits setzt sich aus der Materie der ätherischen Ebenen zusammen; dieses Gewebe wiederum läßt das Nervensystem des physischen Körpers entstehen. Auf der nächsttieferen Stufe bildet sich das endokrine System heraus. Ich behaupte nicht, daß jeder dieser Bereiche in genau dieser Reihenfolge entsteht, doch beschreibt diese Stufenfolge den Vorgang, in dessen Verlauf die Seele sich schrittweise die Materie aneignet. Wir können uns nun den konzentrischen Kraftfeldern im Ätherkörper und ihrem Stellenwert in diesem Prozeß zuwenden.

Der Gedanke an ein Chakra ist naheliegend, welches einen grundlegenden Einfluß auf das Nervensystem und das Endokrinum ausübt, alle anderen Chakren unterstützt und für die Erhaltung und den Schutz des menschlichen Körpers auf der physischen Ebene sorgt. Das Basis-Chakra zeichnet sich durch alle diese Eigenschaften aus.

Das Basis- oder Muladhara Chakra

Dieses lebenswichtige Chakra, das auch Wurzel-Chakra genannt wird, befindet sich am unteren Ende – der sogenannten Spitze (Apex) – des Kreuzbeins. Seine primäre äußere Manifestation sind die Nebennieren. Diesem Chakra sind, wie die Abbildung im vorigen Kapitel zeigt, die Nieren und die Wirbelsäule zugeordnet.

Die Nebennieren als physische Entsprechung des Basis-Chakras bestehen aus dem Nebennierenmark, das von einer als Nebennierenrinde bezeichneten Schicht umgeben ist. Das Nebennierenmark besteht aus chromaffinem Gewebe, so bezeichnet, weil Laborversuche seine Affinität zu Chromsalzen nachgewiesen haben, und kann als eine endokrine Fortsetzung des autonomen oder vegetativen Nervensystems bezeichnet werden, das zahlreiche Körperfunktionen kontrolliert.

Vom Nebennierenmark abgesehen findet sich im Körper weiteres chromaffines Gewebe, das im Embryo in Form von Neuroblasten, unausgereiften Nervenzellen, entsteht. Diese primitiven Nervenzellen wandern am Verlauf des sympathischen Nervensystems entlang und kommen in besonders konzentrierter Form an denjenigen Nervensträngen des sympathischen Nervensystems vor, welche beiderseits der Wirbelsäule verlaufen und sehr an die Nadis (Energiekanäle) *Ida* und *Pingala* aus den vedischen Schriften erinnern. Neuroblasten finden sich in allen wichtigen Nervengeflechten des Körpers und kommen reichlich in der Lederhaut vor.

Das Nebennierenmark produziert das Hormon Adrenalin; es versetzt den Menschen in die Lage, in den entsprechenden Situationen mit Flucht oder Kampf zu reagieren, und schützt den Organismus auf diese Weise vor Schäden oder Vernichtung. Auch das chromaffine Gewebe außerhalb der Nebenniere produziert Adrenalin, so daß dieses Schutzsystem sich über den ganzen Körper erstreckt und die Aktivität des Nervensystems unterstützt und stärkt.

Es ist interessant festzustellen, wie genau die Erkenntnisse der modernen Physiologie das bestätigen, was die alten indischen Weisen schon vor vielen tausend Jahren aufzeichneten. Diese wußten, daß das Basis-Chakra für die Verankerung des Körpers in der physischen Ebene verantwortlich ist und zudem den Kanal darstellt, durch den der Lebenswille zum Ausdruck kommt. Wir wissen heute, daß eine Entfernung der Nebenniere in kurzer Zeit zum Ableben führt. Kann der Grund dafür nicht die Tatsache sein, daß die Verbindung zwischen dem Basis-Chakra und dem physischen Körper durch die Entfernung der Nebenniere durchtrennt wird und der Lebenswille sich nicht länger einen Weg bahnen kann?

Die indischen Weisen wußten auch, daß das Basis-Chakra die Substanz oder zelluläre Matrix des physischen Körpers stimuliert, die das Lebensprinzip nährt und lenkt und allen anderen Chakren zugrunde liegt. Das paßt wiederum gut zu der Tatsache, daß chromaffines Gewebe im ganzen Körper anzutreffen ist und sich in besonderer Konzentration in den wichtigsten Nervengeflechten findet, welche wiederum nichts anderes als die physischen Entsprechungen der Chakren der Wirbelsäule sind.

Wir finden eine große Anhäufung von chromaffinem Gewebe an der Bauchaorta, dieses wird auch Zuckerkandlsches Organ genannt. Es ist kein Zufall, daß sich in diesem Körperbereich in Nierennähe zwei nachgeordnete Chakren befinden, die einen Bezug zu den Astralebenen haben. Diese Chakren lassen viele Ängste eindringen, denen der Mensch heute ausgesetzt ist, daher hat die Natur in ihrer Weisheit diese Chakren dort plaziert, wo Drüsen auf das Eindringen dieser unerwünschten Energien reagieren können.

Das Basis-Chakra befindet sich bei der Mehrheit der Menschen in einem relativ untätigen Zustand, doch nimmt seine Aktivität aufgrund der Belastungen der modernen Lebensweise zu.

Eine frühzeitige Überstimulierung kann dazu führen, daß das schützende ätherische Gewebe entlang der Wirbelsäule „weggebrannt" wird und die Chakren Kräften geöffnet werden, denen das Individuum noch nicht gewachsen ist. Eine solche Überstimulierung kann leicht nervöse Labilität oder Wahnsinn zur Folge haben. Unsere Heilanstalten sind voller Patienten, die aus dem einen oder anderen Grund den natürlichen Schutzschild vor bestimmten Einflüssen der astralen Ebene und den überwältigenden Kräften kosmischer Energien verloren haben. Menschen, die leichtsinnig ihre Zeit damit verbringen, ihre Chakren durch meditative Übungen oder andere stimulierende Methoden zu öffnen, oder die bestrebt sind, die Kundalini zu erwecken, um eine Abkürzung auf dem Weg der spirituellen Entwicklung zu finden, welche es in Wirklichkeit nicht gibt, setzen sich großer Gefahr aus.

Die Entfesselung dieser ungeheuren Kraft entlang der Wirbelsäule kann alles auf ihrem Weg zerstören, einschließlich der stabilen Atome. H. P. Blavatsky spricht von solchen Menschen als verlorenen Seelen, die die Fähigkeit zur Inkarnation oder zum bewußten Sein auf den niederen Ebenen für Äonen verloren haben. Die zerstörerische Wirkung der zur Unzeit erweckten Kundalini-Energie hat Gopi Krishna in seinem Buch *Kundalini – Erweckung der geistigen Kraft im Menschen* anschaulich beschrieben. Diese Autobiographie schildert die Gefahren und furchterregenden Aspekte einer solchen Erfahrung.

Glücklicherweise sind die meisten Menschen, die mit diesem sensationsträchtigen Aspekt des Yoga herumexperimentieren, durch ihre grobe Unkenntnis der Materie und die daraus folgende Unfähigkeit, Yoga richtig zu praktizieren, geschützt. Trotzdem kann es vorkommen, daß es der Radionik-Therapeut mit Patienten zu tun bekommt, welche an einer Überstimulierung der Chakren leiden; daher ist es unerläßlich, daß er die Symptome kennt, die auf solche Störungen hinweisen.

Die Substanz des physischen Körpers wird, wie bereits erwähnt, durch das Basis-Chakra belebt. Wenn die Kundalini-Energien in der richtigen Weise erweckt und bewußt kontrolliert werden, bewegen sie sich an der Wirbelsäule aufwärts und bilden dabei ein geometrisches Muster, das den ineinander verschlungenen Schlangen des Caduceus oder Hermesstabes, des Symbols der Heilkunst, ähnelt. Erstaunlicherweise findet sich dieses

Muster in der Anordnung der DNS-Moleküle wieder, der Träger der genetischen Informationen. Möglicherweise spiegelt auch dies die Verbindung zwischen dem Basis-Chakra und der zellulären Substanz des physischen Körpers wider.

Die Miasmen oder ererbten Krankheitsmuster, welche von Generation zu Generation weitergegeben oder während des Inkarnationsprozesses mit der ätherischen Substanz aufgenommen werden, können aus beiden Quellen in die ätherische Matrix der Doppelhelix übergehen. Das mag die Erklärung dafür sein, warum jedes Miasma aufgelöst und schließlich aus dem Ätherkörper eliminiert werden kann, indem man das Basis-Chakra mit Farbe behandelt. Giftstoffe chemischen oder bakteriellen Ursprungs reagieren auf ähnliche Weise – es ist ein leichtes, sie zu entfernen, indem man Farben auf radionischem Wege sendet.

Da das Basis-Chakra der Wirbelsäule zugeordnet ist, ist es bei der Behandlung von entsprechenden Erkrankungen von erstrangiger Bedeutung. Auch Nierenleiden behandelt man über das Basis-Chakra. Psychische Störungen, bei denen der Lebenswille geschwächt ist, werden ebenfalls über dieses Chakra und einige andere Kraftzentren behandelt, die dazu in Beziehung stehen. Darauf werde ich im Kapitel über Behandlungsmethoden näher eingehen.

Die Illustrationen auf den folgenden Seiten veranschaulichen das Verhältnis des Basis-Chakras zum Nervensystem, dem endokrinen System und der Kundalini-Energie, die an der Basis der Wirbelsäule schlummert.

Das Kreuzbein- oder Svadhishthana Chakra

Das Kreuzbein-Chakra befindet sich an der Basis der Lendenwirbelsäule. Es manifestiert sich im physischen Körper als die Keimdrüsen, und die Fortpflanzungsorgane sind ihm zugeordnet. Dieses Chakra zeichnet sich durch eine umfassende Aktivität aus. Seine Aufgabe ist die Sicherstellung des Fortbestands der menschlichen Art.

Eine intensive Aktivität dieses Chakras kann Erkrankungen der Fortpflanzungsorgane hervorbringen, die der traditionellen Medizin und Psychologie geläufig sind. Mystiker, die häufig Energien aus anderen Quellen oder höheren Chakren heranziehen, neigen oft dazu, dieses Kraftzentrum zu sehr zu stimulieren. Das kann man auch aus den sexuellen Untertönen in

Basis-Chakra und Nervengeflechte des vegetativen Nervensystems

Jedes Nervengeflecht enthält erhebliche Konzentrationen von chromaffinem Gewebe, was auf die Verbindung zwischen dem Basis-Chakra und allen anderen Kraftzentren hinweist.

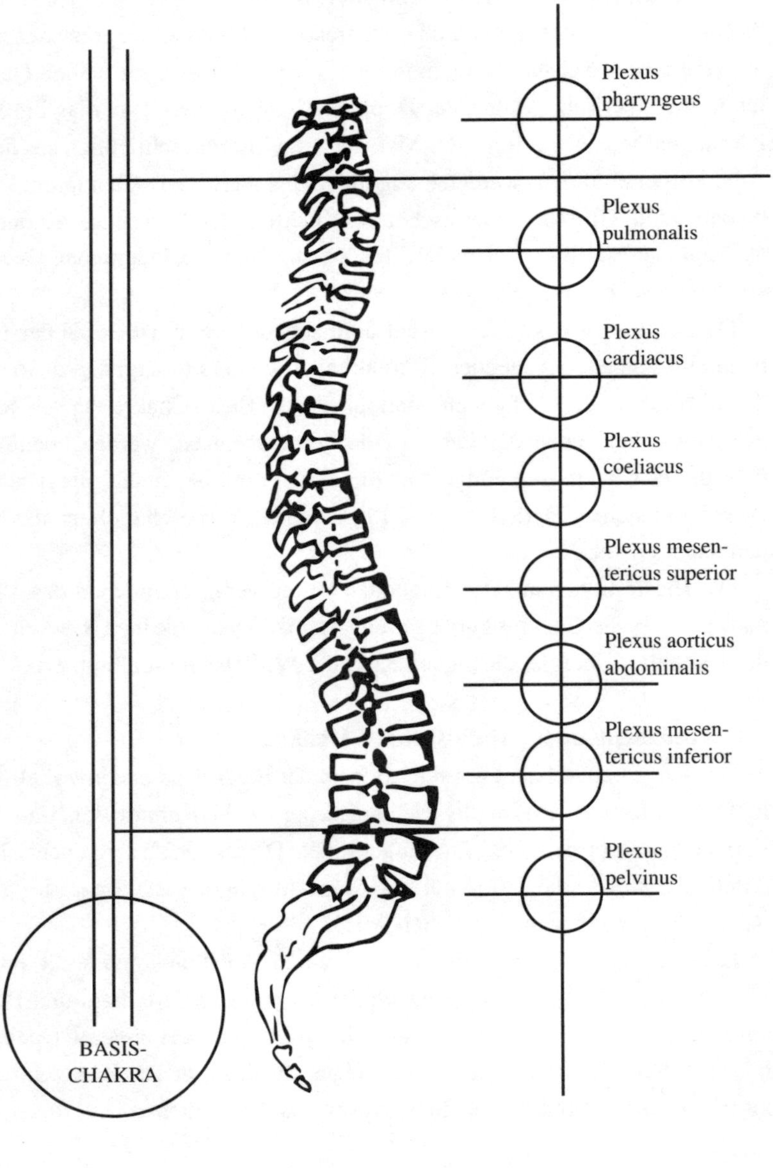

Die Verteilung des chromaffinen Gewebes und das Basis-Chakra

Die Abbildung zeigt die Verteilung des chromaffinen Gewebes im Nebennierenmark und außerhalb davon entlang der Stränge des sympathischen Nervensystems.

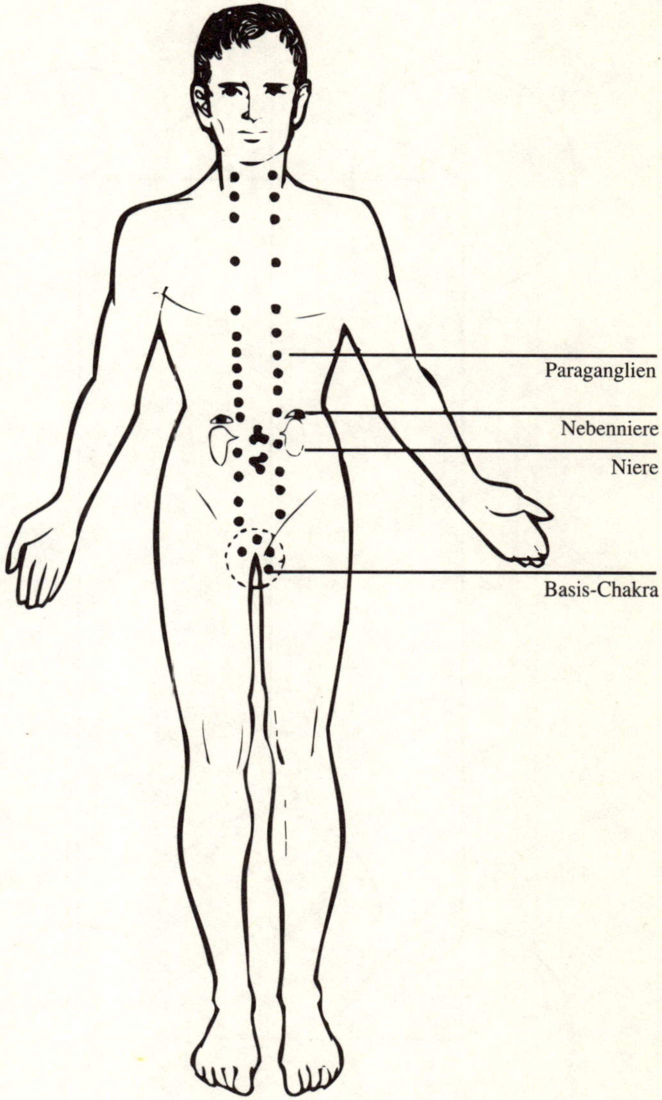

Chromaffines Gewebe findet sich auch reichlich in der Lederhaut.

Das Basis-Chakra und die drei Haupt-Nadis (Energiekanäle)

Der Pfad des Lebens

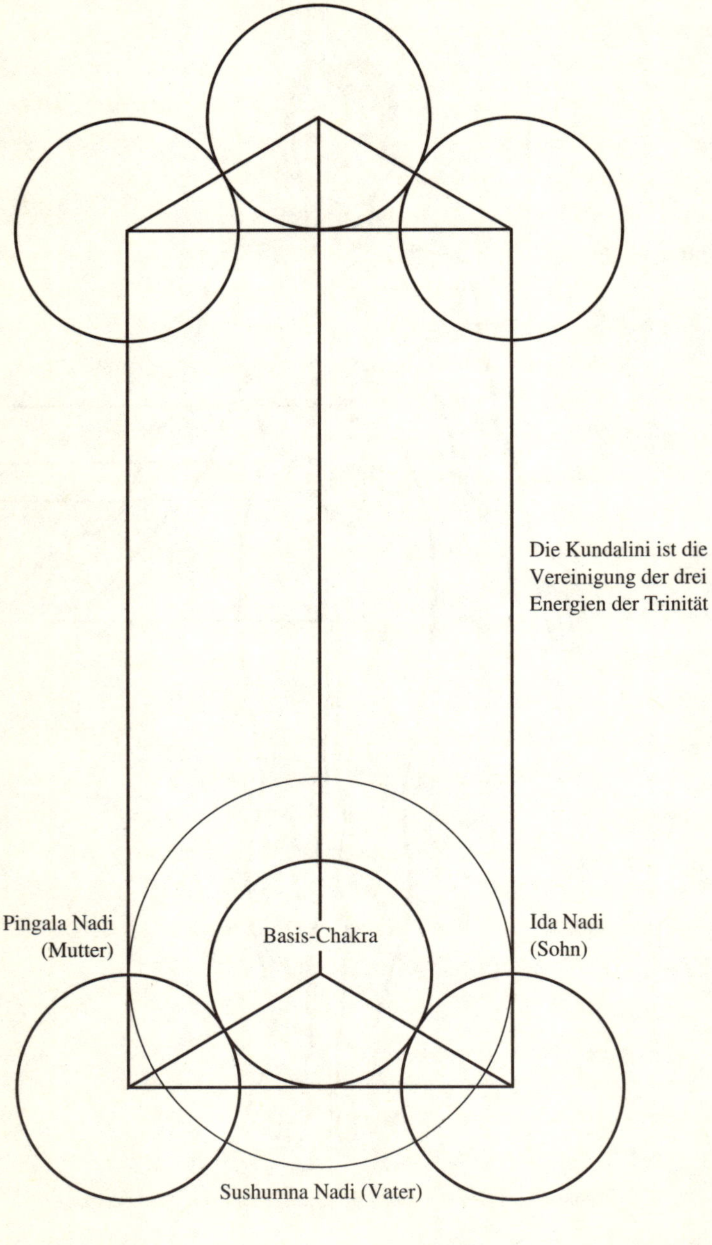

der Bibel herauslesen, wenn von der „himmlischen Hochzeit" oder der „Braut Christi" usw. die Rede ist. Hier findet eine innere Verlagerung von Energien statt, um den Sexualtrieb zu sublimieren, doch spiegelt die Ausdrucksweise ihren Ursprung wider.

Im Verlauf der mystischen Erfahrung, die sich über mehrere Inkarnationen entfalten kann, gibt es häufig eine Phase, in der die sexuellen Kräfte nicht im Gleichgewicht sind. Der Mystiker, der mit den höheren Energien in Berührung kommt, macht die Erfahrung, daß diese direkt auf das Kreuzbein-Chakra einwirken und nicht auf das Kehl-Chakra, welches der Sitz der höheren (spirituellen) schöpferischen Kräfte ist. Das hat eine Stimulierung der sexuellen Energien und Phantasien zur Folge und führt schließlich zu körperlichen und psychischen Erkrankungen.

Die Behandlung von Erkrankungen der Fortpflanzungsorgane erfolgt gewöhnlich durch das Kreuzbein-Chakra, doch kommt es vor, daß statt dessen das Kehl-Chakra behandelt werden muß. In diesem Fall soll die Aktivität des Kehl-Chakra angeregt werden, um dadurch die Energien aus dem Kreuzbein-Chakra heraufzuziehen und damit das Gleichgewicht in jenen Körperbereichen wiederherzustellen, die ihm zugeordnet sind.

Das Solarplexus- oder Manipura Chakra

Das Solarplexus-Chakra befindet sich in Rückgratnähe etwas unterhalb der Schulterblätter. Seine Entsprechung im Drüsensystem ist die Bauchspeicheldrüse, welche sowohl exokrine als auch endokrine Funktionen hat. Der Großteil der Bauchspeicheldrüse sondert einen Verdauungssaft ab, dessen Enzyme bei der Verdauung von Proteinen, Kohlehydraten und Fetten beteiligt sind. Der endokrine Teil der Bauchspeicheldrüse wird von kleinen Zellanhäufungen, den Langerhansschen Inseln gebildet, welche die Insulin-Sekretion regeln, die beim Blutzuckerstoffwechsel eine wichtige Rolle spielt. Der Magen wird als eine sekundäre Externalisation des Solarplexus-Chakras betrachtet.

Dieses Kraftzentrum im Astral- und Ätherleib ist der Sitz des Verlangens, das die Menschheit in so entscheidendem Ausmaß prägt und formt, sei es gut, böse, eigennützig oder spirituell. Dieses Chakra ist die umfassende Clearing-Station für alle Energien, welche aus dem Bereich unterhalb des Zwerchfells stammen. Bei den meisten Menschen befindet es sich in einem überstimulierten Zustand, was nervöse Störungen sowie Erkrankungen des Magens, der Galle und der Leber zur Folge hat. Die Radionik-Analyse zeigt häufig eine solche Überaktivität dieses Chakras.

Eine Störung des Solarplexus-Chakras gilt als eine der besonders schwerwiegenden Krebsursachen. Bestimmte Reaktionen zwischen diesem Kraftzentrum und dem Herz-Chakra können eine Einengung des Solarplexus-Chakras zur Folge haben. In diesem Fall können Energien, die mit dem Lebensprinzip in Zusammenhang stehen, welches im Herzen verankert ist, sich nicht auf der physischen Ebene manifestieren, was weitreichende Auswirkungen auf den Blutstrom hat und zu bösartigen Gewebswucherungen und Tumoren führt. In solchen Fällen zeigt eine Messung des Solarplexus-Chakras Minuswerte an. Wann immer im Zusammenhang mit diesem Kraftzentrum negative Werte gemessen werden, muß nachgeprüft werden, ob Krebs, sei es als Miasma oder als organische Erkrankung, vorliegt.

Eine Überstimulation des Solarplexus-Chakras geht mit zahlreichen Arten von Hautausschlägen einher und führt zu Astralismus, Wahnvorstellungen, Halluzinationen sowie zahlreichen nervösen Störungen.

Zur Harmonisierung der Überfunktion dieses Chakras haben sich die Farbtherapie und die Bachschen Blütenessenzen als besonders wirksam erwiesen. Wenn ein Minuswert gegeben ist, muß zuerst festgestellt werden, ob eine Krebserkrankung oder ihre Vorstufe vorliegen, welche in diesem Fall über das Basis- oder Wurzelchakra behandelt werden müssen. Anschließend muß das Solarplexus-Chakra normalisiert oder harmonisiert werden, so daß es auf die vom Herzen ausgehenden Energien in der richtigen Weise reagieren kann. Der wichtigste Schritt ist jedoch, die Ursache der negativen Werte im Solarplexus-Chakra zu bestimmen und zu beheben. Meist handelt es sich dabei um eine psychologische Störung.

Das Herz- oder Anhata Chakra

Das Herz-Chakra befindet sich in der Mitte zwischen den Schulterblättern und hat seine Entsprechung auf der körperlichen Ebene in der Thymusdrüse. Diese galt bereits bei den alten Sehern als endokrines sekretorisches Gewebe und wird nun versuchsweise in modernen medizinischen Texten ebenfalls in diese Kategorie aufgenommen.

Die Thymusdrüse spielt eine grundlegende Rolle bei Über- und Autoimmunreaktionen und dürfte auch an Erkrankungen wie systemischer Schmetterlingsflechte, rheumatoider Arthritis, Darmgeschwüren sowie Myasthenie beteiligt sein.

Bestimmte Experimente haben erwiesen, daß die Thymusdrüse bei Streßsituationen die Funktion der Nebennierenrinde unterstützt. Die alten Weisen würden diese Aussage sicherlich bestätigen, denn sie haben schon vor langer Zeit festgestellt, daß der Faden des Lebensprinzips im Herz-Chakra verankert ist, und damit wäre dieses Kraftzentrum mit Sicherheit an Flucht- und Kampfreaktionen beteiligt, die das Lebensprinzip auf der physischen Ebene beschützen und erhalten.

Beim Kleinkind ist die Thymusdrüse im Verhältnis etwas größer als beim Erwachsenen. Sie macht eine Rückentwicklung durch und ähnelt darin der Zirbeldrüse und der Nebenniere, welche ebenfalls mit dem körperlichen Willen zum Sein in Verbindung stehen.

Ein überaktives Herz-Chakra bringt das amoralische, verantwortungslose Individuum hervor. Aufgrund des inneren Entwicklungsstandes der Menschheit, der sich am allgemeinen Ungleichgewicht des endokrinen Systems beim Durchschnittsmenschen ablesen läßt, ist das uneingeschränkte Funktionieren des Herz-Chakras zum gegenwärtigen Zeitpunkt mit Gefahr verbunden. Energie, die unkontrolliert durch dieses Chakra strömt, hätte eine verheerende Wirkung auf die betreffende Person.

Wenn das Herz-Chakra in der richtigen Weise geweckt wird, besitzt es transformierende, magnetische, strahlende Kräfte. Durch dieses Kraftzentrum „ergießt sich die Liebe Gottes". Die Thymusdrüse ist von grundlegender Bedeutung für die Kontrolle und Aktivität des Vagusnervs.

Bei Menschen, die die Fähigkeit entwickeln, in Zusammenhängen zu denken und zu handeln, die größere Menschengruppen betreffen, steigen Energien aus dem Solarplexus-Chakra in das Herz-Chakra auf: Präsidenten von großen Firmen gehören in diese Kategorie. Solch ein Energietransfer belastet das Herzzentrum häufig sehr stark, mit dem Ergebnis, daß viele Geschäftsleute an Herzkrankheiten leiden. Auch Ärzte neigen zu dieser übermäßigen Stimulation, da sie bei ihrem Versuch, sich von den emotionalen Aspekten ihrer Fälle zu distanzieren, unbewußt über das Herz-Chakra arbeiten.

Eine übermäßige Stimulation durch Arbeiten, die ein Gruppenbewußtsein erfordern, hat Herzerkrankungen zur Folge. Eine Überstimulierung aus egoistischen Motiven heraus kann Magengeschwüre hervorbringen, da die Energien unterhalb des Zwerchfells nicht durch die Kraft der selbstlosen Motivation über das Herzzentrum nach oben geleitet werden. Dieser Aspekt sollte besonders beachtet werden, wenn Geschäftsleute oder Ärzte sich einer Radionik-Behandlung unterziehen.

Alle Erkrankungen des Herzens, des Kreislaufs und des Blutes können mit Farbtherapie und den passenden Medikamenten erfolgreich über das Herz-Chakra behandelt werden.

Das Kehl- oder Vishuddha Chakra

Das Kehl- oder Hals-Chakra befindet sich am Nacken, reicht in die Medulla oblongata (Nachhirn) hinauf, wobei es die Karotisdrüse einschließt, und erstreckt sich nach unten in die Richtung der Schulterblätter. Dieses Chakra ist sehr wirkungsvoll und hat großen Einfluß auf den Menschen, da es in direkter Beziehung zu den höheren spirituellen und schöpferischen Kräften steht.

Das Chakra manifestiert sich als Schilddrüse und, in einer sekundären Externalisation, als Nebenschilddrüse. Diese endokrinen Drüsen sind von wesentlicher Bedeutung für ein normales Wachstum, wobei die Schilddrüse in Beziehung zu Verbrennungsprozessen steht und die Nebenschilddrüse mit dem Kalziumstoffwechsel zu tun hat. Bei einer Unterfunktion des Kehl-Chakras entwickeln sich zahlreiche Symptome, die viele Arten von Körpergeweben betreffen.

Schwindel, Allergien, Anämie, Erschöpfung, menstruelle Unregelmäßigkeiten sowie Halsentzündungen, Kehlkopfentzündungen, Asthma und andere Erkrankungen der Atemwege können ihre Ursache in einer Störung dieses Chakras haben. Die Erschütterung, die von einem plötzlichen emotionalen Schock ausgeht, kann oft ebenfalls asthmatische Zustände auslösen. Das ist leicht nachzuvollziehen, denn dem Kehl-Chakra sind die Lungen, die Bronchien und der Stimmapparat zugeordnet, und auch die Speiseröhre gehört dazu.

Bei der Radionik-Behandlung reagiert dieses Kraftzentrum besonders ausgeprägt auf die Farbe Blau in ihren tiefen, klaren Tönen.

Das Stirn- oder Ajna Chakra

Dieses Chakra befindet sich zwischen den Augenbrauen oberhalb der Augen. Es manifestiert sich als Hypophyse, die sich im Türkensattel des Keilbeins befindet. Die vorderen und hinteren Lappen der Hypophyse entsprechen den zweimal 48 Blättern des 96blättrigen Lotus, dem Symbol des Ajna Chakras.

Die alten Weisheitslehrer betrachteten das Ajna Chakra als Zentrum der integrierten, ganzheitlich entwickelten Persönlichkeit und maßen seiner Aufgabe, dieser vollentwickelten Persönlichkeit zu einem Ausdruck zu verhelfen, große Bedeutung bei. In der modernen Medizin wird die Hypophyse als „Meisterdrüse" angesehen, welche durch ihre Tätigkeit die Funktionen der Schilddrüse, der Nebenschilddrüse, der Keimdrüse, der Nebennieren und der Bauchspeicheldrüse steuert.

Alle diese Drüsen werden auch als „Zieldrüsen" bezeichnet; wenn sie die richtige Menge an Hormonen produzieren, befindet sich die Hypophyse im Ruhezustand, in diesem Sinne wird sie also von den Sekretionen der anderen Drüsen kontrolliert. Jedesmal, wenn eine der sogenannten Zieldrüsen nicht genug Hormone produziert, wird die Hypophyse aktiv und schüttet glandotrope Hormone aus, welche die betreffende Drüse über den Blutkreislauf erreichen und aktivieren. Wenn nun eine andauernde Unterfunktion einer Drüse besteht, muß die Hypophyse sozusagen ständig Überstunden leisten in dem Versuch, sie zu aktivieren. Das hat eine Störung des Ajna Chakras zur Folge, das dadurch überaktiv wird. Wenn also eine Überfunktion des Ajna Chakras gemessen wird, muß man stets überprüfen, ob die Ursache in der Unterfunktion eines anderen Chakras liegt.

Man bezeichnet dieses Kraftzentrum oft auch als drittes Auge, doch handelt es sich dabei um eine weitere Ungenauigkeit, das sich in unser Wissen von den Chakren eingeschlichen hat und worüber ich in einem späteren Kapitel sprechen werde. Das Ajna Chakra bringt Idealismus, Vorstellungskraft und Verlangen zum Ausdruck und wird jetzt zunehmend bei immer mehr Menschen wirksam. Dieses Kraftzentrum verkörpert sich im Typ des erblich geprägten Hypophyse-Patienten, der attraktiv und anziehend ist, viele Eisen im Feuer hat, geschäftlich sehr erfolgreich ist und über große Führungsqualitäten verfügt.

Eine übermäßige Stimulierung dieses Chakras kann ernsthafte Erkrankungen des Gehirns, der Augen, Nase, der Ohren und des Zentralnervensystems zur Folge haben, die diesem Zentrum zugeordnet sind. Erkrankungen der Nebenhöhlen, Katarrhe und Heuschnupfen können auch auf eine Störung des Ajna-Gleichgewichts zurückgeführt werden. Auch Riesenwuchs und Akromegalie haben ihre Ursache in einer tief eingewurzelten Fehlfunktion dieses Chakras.

Das Kronen- oder Sahasrara Chakra

Das Kronen- oder Scheitel-Chakra befindet sich, wie der Name sagt, am höchsten Punkt oben in der Mitte auf unserem Kopf. Es soll seine volle Aktivität erst dann entfalten, wenn ein hohes Maß an innerer Entwicklung erreicht ist. Das Chakra manifestiert sich als Zirbeldrüse, welche nach esoterischer Anschauung während der Kindheit so lange aktiv ist, bis sich der körperliche Wille zum Sein so weit entwickelt hat, daß das Kind fest in der physischen Ebene verankert ist.

Rudolf Steiner bringt diesen Gedanken interessanterweise in Verbindung mit dem Zahnwechsel im siebten Lebensjahr. Physiologen haben wenig Aussagen in bezug auf die Zirbeldrüse gemacht, mit Ausnahme der Feststellung, daß ihre Struktur endokrine Funktionen nahelegt und daß sie beim Menschen im siebten Lebensjahr eine Rückentwicklung erfährt und anscheinend ihre Aktivität einstellt. Hier ergibt sich eine Parallele zu Steiners Beobachtung.

Die alten Griechen hielten die Epiphyse für den Sitz der Seele und befinden sich damit in Übereinstimmung mit den alten indischen esoterischen Lehren. Für Galen hing sie mit der Steuerung des Denkens zusammen. Neuere Experimente haben gezeigt, daß die Epiphyse auf Lichteinflüsse reagiert, was einen Zusammenhang herstellt zu Descartes' Hypothese, daß es zwischen visueller Wahrnehmung und einer dadurch hervorgerufenen Muskelreaktion eine Verbindung über die Zirbeldrüse gibt. Die Epiphyse enthält Spuren von Netzhautgewebe und gilt bei modernen Physiologen als möglicher dritter Photorezeptor. All das spricht dafür, daß es sich beim dritten Auge um dieses Kraftzentrum handelt und nicht um das Ajna Chakra.

Dem Kronen-Chakra sind das Großhirn und das rechte Auge zugeordnet. Bei den meisten Menschen befindet es sich in einem relativen Ruhezustand. Eine unkontrollierte Entwicklung dieses Kraftzentrums hat Bluthochdruck, bestimmte Gehirnerkrankungen, nervöse Störungen sowie zahlreiche psychische Leiden zur Folge.

Das Kronenzentrum birgt ein Ebenbild von jedem Chakra in sich und ist so ein Abbild von Brahman, dem makrokosmischen Prinzip. Zugleich enthält es an seiner Peripherie das Muster des ganzen Menschen. Das durchschnittliche und auch das spirituell entwickelte Individuum wirkt durch alle seine Chakren, doch der spirituell hochentwickelte Eingeweihte lebt zunehmend durch deren Entsprechungen im Kronen-Chakra, da der Brennpunkt seines Lebens auf die höchste Wirklichkeit des Makrokosmos eingestimmt ist. Seine Energien strömen sozusagen ausschließlich vom Thron des Bewußtseins aus; von diesem Sitz ausgehend hat der innere Mensch Zugang zum Universum der Zellen, Chakren und feinstofflichen Körper, um auf den niedereren Ebenen dem Seelenbewußtsein Ausdruck zu verleihen. Man kann das Kronen-Chakra mit einer Hauptschalttafel vergleichen, welche Informationen, die von den äußeren, sie umgebenden Feldern einfließen, verarbeitet und diejenigen aus den inneren spirituellen Bereichen weitergibt. In der modernen Computersprache ausgedrückt, ist es die Datenverarbeitungsstation oder die Hardware, durch die der Eingeweihte kosmische Prinzipien der Wahrheit an die niedereren Ebenen der Existenz weitergibt, deren Auswirkungen analysiert und diese Information wiederum an die Seele zurückleitet, die ihren Sitz im Kronen-Chakra hat.

Wenn dieses Chakra vollständig entwickelt ist, strahlt es ein gewaltiges Licht aus, dessen Schönheit und Pracht alle anderen Chakren überstrahlen. Dieses Licht zeigt die Geburt des vollkommenen Menschen an, eines fleischgewordenen Gottes. Der Impuls, körperliche Gestalt anzunehmen, besteht nicht mehr, und das Individuum geht aus der menschlichen Welt in das spirituelle Reich ein. In der Offenbarung des Johannes wird dies mit den Worten „Er gehet nicht mehr aus“ zum Ausdruck gebracht.

Die alten Weisen erkannten schon vor langer Zeit die Bedeutung der Epiphyse und der Thymusdrüse als Externalisationen des Kronen- bzw. Herz-Chakras. Sie lehrten, daß das Lebensprinzip durch einen Energiefaden im Herzen verankert ist und daß das Prinzip des Bewußtseins in ähnlicher Weise in der Epiphyse verankert ist.

Dieser Energiefaden verbindet den physischen Körper mit den feinstofflichen Mechanismen. Der Energiefaden, der mit dem Kopf verbunden ist, wird unterbrochen, während wir schlafen und unser körperliches Bewußtsein uns verläßt: Auf einer niederen Stufe vollziehen wir dadurch den Prozeß von Leben und Tod nach. Der Bewußtseinsfaden wird vorübergehend durchgetrennt, wenn ein epileptischer Anfall oder Ohnmachtsanfälle stattfinden. Diesen Aspekt sollte der Radionik-Therapeut im Auge behalten, wenn er solche Fälle behandelt. Solange der Faden der Lebensenergie im Herz-Chakra verankert bleibt, wird der physische Körper am Leben erhalten. Koma ist die Folge eines schweren Risses des Bewußtseinsfadens. Wird hingegen der Lebensfaden durchgetrennt, so ist der Tod die Folge. Die Bibel spricht von diesen miteinander zusammenhängenden Energien als dem Silberfaden, der im Tod gelöst wird und wodurch der innere Mensch von den Beschränkungen des physischen Körpers erlöst wird.

Wenn ein Chakra Aktivität entfaltet, kann man seine Sekretionen und deren Auswirkungen beobachten. Interessanterweise geben Endokrinologen inzwischen – wenn auch widerwillig – zu, daß die Epiphyse und die Thymusdrüse endokrine Funktionen erfüllen; das weist darauf hin, daß diese Chakren in der gesamten Menschheit aktiver werden. Wir können damit rechnen, in Zukunft mehr darüber zu hören, insbesondere über die Beziehung der Epiphyse zum Licht. Wenn sich das Licht der Seele durch dieses Chakra ergießt, werden neue Entdeckungen gemacht werden, die für den Menschen ebenso wie für alle anderen Bereiche der Natur von großer Tragweite sind.

Die sieben Hauptchakren haben ihren Sitz nicht nur im Ätherleib, sondern sie befinden sich ebenfalls im Astral- und Mentalkörper. Eine Ausnahme bilden hier das Kronen-, Kehl- und Herz-Chakra, die ihren Sitz im Lotus der Seele auf der höheren mentalen Ebene zu haben scheinen. Buckminster Fuller beschreibt den Menschen als ein System von Kreisen, die konzentrisch angeordnet sind. Diese zugleich traditionelle und hochmoderne Vorstellung ist in der Abbildung auf Seite 53 dargestellt.

Was ist das doch für ein gewaltiger Unterschied zwischen diesem anatomischen Schaubild und den herkömmlichen Texten, die wir in unserer Radionik-Praxis verwenden. Unser Diagramm gibt ein Bild vom Menschen wieder, dem die Vorstellung zugrunde liegt, daß er aus einer Vielzahl von Energiefeldern besteht, und zeigt ihn nicht als eine komplizierte Anhäufung von Zellstrukturen und Organsystemen. Die Beziehung zwischen jedem

Der Mensch, der vom Sonnenlotus der Seele ausstrahlt

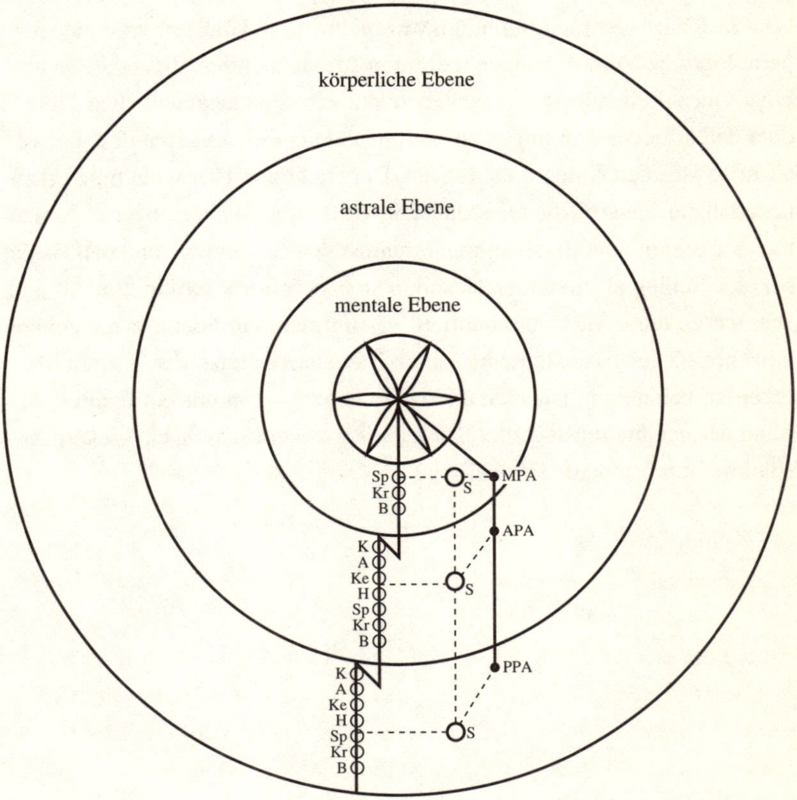

K – Kronen-Chakra
A – Ajna Chakra
Ke – Kehl-Chakra
H – Herz-Chakra
Sp – Solarplexus-Chakra
Kr – Kreuzbein-Chakra
B – Basis- oder Wurzelchakra
M – Milz-Chakra

MPA – mentales permanentes Atom
APA – astrales permanentes Atom
PPA – physisches permanentes Atom

Energiefeld und seinen Chakren wird deutlich veranschaulicht, und vor allem ist dies ein einfaches und praxisorientiertes Modell.

Jeder Radionik-Therapeut sollte sich bei seiner Arbeit von den Prinzipien der Einfachheit und Wirksamkeit leiten lassen, doch kann dieser Ansatz niemals verwirklicht werden, solange wir beim Menschen noch immer zuerst von seiner physischen und nicht von seiner feinstofflichen Anatomie ausgehen. Es ist von wesentlicher Bedeutung, daß wir den Menschen zuerst als eine Reihe von Energiefeldern wahrnehmen und daß wir erkennen, daß pathologische Veränderungen hier ihren Anfang nehmen, bevor sie sich im physischen Leib manifestieren. Es reicht nicht, vom ätherischen Herzen oder den ätherischen Lungen zu sprechen, denn dies zeigt an, daß wir weiter in physischen Kategorien denken. Der Radionik-Therapeut muß erkennen, daß die Chakren die Quellen jener Kräfte sind, die die physische, mentale und emotionale Erscheinung des einzelnen bestimmen, und daß sie daher der Schlüssel zu seiner Gesundheit und seinem Wohlbefinden sind. Wenn man diese Tatsache ignoriert, verfügt man nur über einen fragmentarischen Zugang zur Radionik, deren Ziel es jedoch ist, den ganzen Menschen zu behandeln. Dies kann nur geschehen, wenn wir ein rechtes Verständnis der Chakren und aller Körper, die sie beeinflussen, entwickeln, seien diese nun fest oder feinstofflich.

5

Vitalität und die Dynamik des Prana-Stoffwechsels

Das Verständnis der Gesetze der Vitalität – hierin sind die Gesetze des Prana, der Strahlung und des Magnetismus einbeschlossen – wird das Vermögen nach sich ziehen, Krankheiten des Blutes, der Arterien und Venen zu heilen sowie auch bestimmte Nervenleiden, Mangel an Energie, Senilität, Kreislaufschwäche und ähnliche Leiden.

Alice A. Bailey: *Esoterisches Heilen*

In diesem Kapitel befasse ich mich mit der Vitalität, einem sehr wichtigen Thema. Eine der häufigsten Beschwerden, unter denen unsere Patienten leiden, ist ständige chronische Müdigkeit. Klinische Versuche haben nachgewiesen, daß, vorausgesetzt die Patienten führen ein vernünftiges Leben, die Radionik viel tun kann, um die Vitalität zu stärken und damit die Fähigkeit der Patienten zu verbessern, mit Krankheiten fertig zu werden.

Die Vitalität steht in einem engen Zusammenhang mit der harmonischen Funktion des Milz-Chakras, daher ist es wichtig, bei jeder Diagnose der Chakren den Zustand dieses Kraftzentrums zu analysieren. Prana oder Lebenskraft strömt vom Milz-Chakra aus in alle anderen Hauptchakren und wird von dort in die Organsysteme des physischen Körpers geleitet.

Prana ist ein Sanskritwort, das im weitesten Sinne „Lebensenergie" bedeutet. Prana ist die Lebensessenz, die durch die vier Äther wirkt und sich in der Aktivität der Materie manifestiert – ohne Prana gäbe es keine physischen Erscheinungen. Diese Energie ist für den Erhalt der physisch-ätherischen Form verantwortlich. Das Vorhandensein von Prana in den richtigen Proportionen ist entscheidend für die Gesundheit, daher muß der Radionik-Therapeut diesen Aspekt sorgfältig beachten.

Es gibt verschiedene Arten von pranischer Energie, doch wir richten unser Hauptaugenmerk auf das von der Sonne ausgehende Prana. Dieses solare Prana durchströmt unser ganzes Sonnensystem und wird von allen Lebensformen assimiliert, seien es planetarische, menschliche, tierische oder pflanzliche. Jede dieser Lebensformen nimmt das Prana auf, setzt es in Umlauf und behält davon, was es zu seinem Erhalt braucht. Der Überschuß, der nun mit den Eigenschaften der Form angereichert ist, durch die dieses Prana hindurchgegangen ist, strömt in das ätherische Kraftfeld der Erde zurück, wo es wiederum von anderen Lebensformen genutzt werden kann.

Diese angereicherten pranischen Emanationen haben ihre eigenen Namen, z.B. planetarisches Prana, menschliches Prana und so weiter. Im Ätherfeld des Sonnensystems findet ein ständiger Austausch pranischer Energieströme zwischen den einzelnen Planeten statt. Auf der mikrokosmischen Ebene assimiliert der menschliche Ätherleib eine Verbindung von solarem und planetarischem Prana und gibt den angereicherten Überschuß in den Ätherleib der Erde weiter, wo er sich mit dem dort befindlichen Prana mischt.

Das menschliche Prana manifestiert sich als die Aura der Gesundheit. Bei ihrer Abstrahlung vermischt sich diese Aura mit dem pranischen Überschuß, den die Atome des physischen Körpers abgeben, und bildet einen Strahlungsbereich, der häufig mit dem Ätherleib verwechselt wird.

Die Gesundheit des Ätherleibes und damit zusammenhängend die des physischen Körpers hängen von Prana ab, und die verschiedenen Disziplinen der Heilkunst neigen nun immer mehr zu einer Anerkennung dieses Sachverhalts. So ist zum Beispiel heutzutage allgemein anerkannt, daß die Sonne eine wichtige Rolle beim Aufbau und Erhalt der Gesundheit spielt. Aus diesem Grund findet man Sanatorien bevorzugt auf dem Lande, sei es in der Nähe der See oder im Gebirge, wo die Luft sauber und mit dem lebensspendenden Prana angereichert ist. In einer solchen Umgebung können Patienten ihre erschöpfte Gesundheit viel schneller wieder aufbauen als in der belasteten Umgebung unserer Städte.

Ein weiteres Zeichen dafür, daß dem Menschen die lebensspendenden Kräfte in der Natur und ihre Rolle bei der Wiederherstellung der Gesundheit immer stärker bewußt werden, ist die Tatsache, daß die Vitamintherapie bei der Behandlung verschiedener Störungen zunehmend an Bedeutung gewinnt. Heute erkennt die Wissenschaft an, daß Vitamine und ihre Synergisten für den Ablauf der normalen physiologischen Prozesse im menschlichen Körper unerläßlich sind und daß beispielsweise der völlige Mangel eines einzigen Vitamins, etwa des Vitamins C oder eines Vitamins des B-Komplexes, schließlich zum Tode führt.

Wenn wir diesen Sachverhalt im Licht der bisherigen Ausführungen betrachten, wird deutlich, daß Vitamine, wie schon der Name sagt, den vitalen oder ätherischen Körper mit pranischer Lebenskraft versorgen.

Mancherorts wird hartnäckig an der Ansicht festgehalten, daß der Mensch alle notwendigen Vitamine aus seiner täglichen Nahrung erhält. Das mag vielleicht für vergangene Zeiten zutreffen, heute ist die Situation jedoch ganz anders. Wir finden heutzutage eine immer größere Anzahl von ernährungsphysiologisch wertlosen Lebensmitteln auf dem Markt vor, die zudem in ihrer großen Mehrheit mit Konservierungsmitteln und anderen Stoffen behandelt worden sind, welche eine heimtückische Schädigung unserer Gesundheit bewirken. Dies und die Tatsache, daß der moderne Mensch unter einem ungeheuren ökonomischen und psychologischen Druck steht, sollten den Radionik-Therapeuten genug Anlaß sein, die Vitamine als Ergänzung einer vernünftigen Ernährung in ihre Überlegungen einzubeziehen.

Ein weiterer Gesichtspunkt muß im Zusammenhang mit Prana berücksichtigt werden, nämlich die in den letzen Jahren stark zunehmende Beliebtheit des Yoga im Westen: Viele Menschen machen Atemübungen, um die Aufnahme von Prana zu erhöhen.

Diese Übungen sind unter dem Namen *Pranayama* bekannt und zielen darauf ab, den Körper von Verunreinigungen zu säubern, ihn mit Prana-Strömungen zu füllen und auf diese Weise die Vitalität zu vermehren und ein Gefühl des Wohlbehagens hervorzurufen. Es muß jedoch darauf hingewiesen werden, daß viele dieser Übungen, wenn sie mit viel Engagement durchgeführt werden, für den westlichen Menschen sehr gefährlich werden können und eine übermäßige Stimulation des Ätherleibes mit daraus entstehenden psychischen und körperlichen Erkrankungen zur Folge haben können.

Es kommt häufig vor, daß gerade Menschen, die mit diesen Praktiken vertraut sind und sie selbst ausüben, die Hilfe des Radionik-Therapeuten suchen. Daher sollte jeder Radionik-Therapeut sich dessen bewußt sein, daß ein unsachgemäß praktiziertes Pranayama eine der Hauptursachen von Störungen des Ätherleibes sein kann.

Der indische Philosoph Pantanjali zählt fünf verschiedene Arten von Prana im menschlichen Körper. Die Heilungs-Kennwerte dieser pranischen Kräfte sind für den Radionik-Therapeuten von großer Bedeutung, der bewußt die ätherischen Ebenen behandelt. Diese pranischen Energien können durch die entsprechenden Chakren zu den betroffenen Bereichen geleitet werden. Im einzelnen handelt es sich um

1. *Prana*, das sich von der Nase bis zum Herz erstreckt und einen besonderen Bezug zum Mund, dem Sprechapparat, dem Herzen und den Lungen hat.

2. *Samana*, das sich vom Herzen zum Solarplexus erstreckt. Es hat einen Bezug zur Nahrung und zur Erhaltung des Körpers durch Speisen und Getränke und steht in einem besonderen Zusammenhang mit dem Magen.

3. *Apana* wirkt auf den Bereich vom Solarplexus bis zu den Fußsohlen. Es betrifft die Ausscheidungsvorgänge und die Geburt und steht damit in einer besonderen Beziehung zu den Fortpflanzungs- und Ausscheidungsorganen.

4. *Upana* findet sich zwischen der Nase und dem Scheitel und hat einen besonderen Bezug zum Gehirn, der Nase und den Augen.

5. *Vyana* ist die Bezeichnung für die Gesamtheit des Prana im menschlichen Körper.

Die Folgerungen, die sich aus dieser Differenzierung des Prana für die Radionik-Therapie ergeben, liegen auf der Hand. So wird zum Beispiel bei Heuschnupfen oder chronischen Nebenhöhlenentzündungen die Behandlung des Ajna Chakras mit Upana und der erforderlichen Farbe von entscheidendem Nutzen sein. Der therapeutische Kennwert von Samana, das dem Patienten auf dem Wege über das Solarplexus-Chakra zugeführt wird, wird ihn in die Lage versetzen, Nährstoffe besser zu verarbeiten. Der Kennwert von Apana, das einer Patientin auf dem Weg über das Kreuzbein-Chakra zugeführt wird, kann ihr beim Geburtsvorgang von großer Hilfe sein und so als wertvolle Ergänzung der herkömmlichen medizinischen Maßnahmen dienen.

Prana und der menschliche Körper

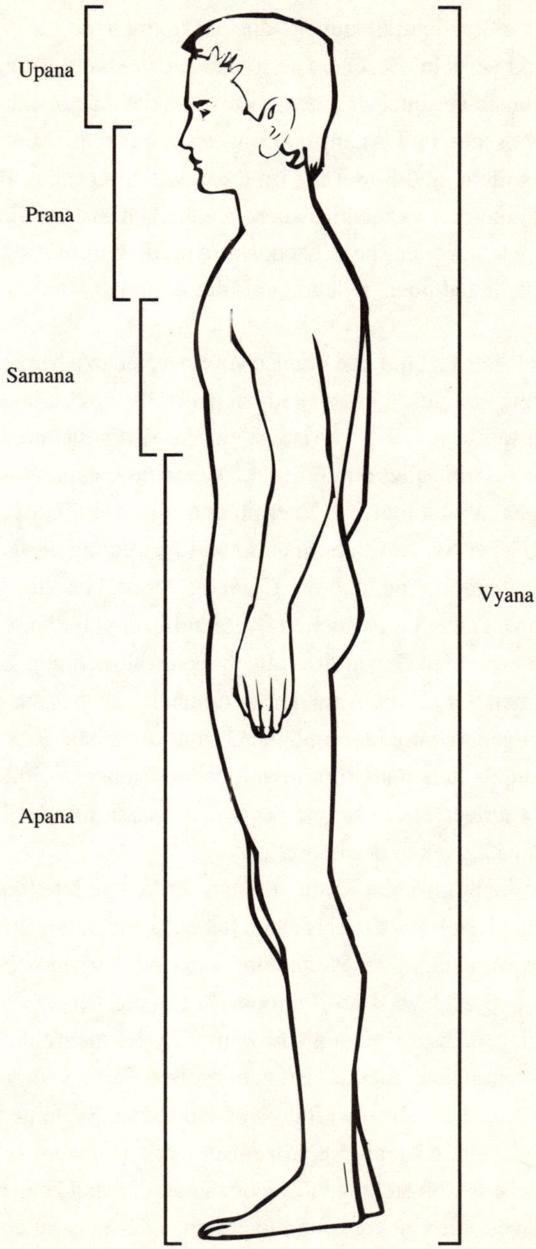

Bestimmte Prana-Manifestationen lassen sich mit dem bloßen Auge beobachten. Atome, die stark mit Prana angereichert sind, manifestieren sich als leuchtende weiße Lichtpünktchen, die blitzschnell durch die Atmosphäre sausen und wirbeln. Besonders gut sind sie an klaren, sonnigen Tagen gegen den blauen Himmel zu sehen, wenn man die Augen auf eine Entfernung von etwa sechs Fuß (knapp zwei Metern) einstellt: Man kann sie dann bei ihrem stillen, ziellosen Tanz im dazwischenliegenden Raum beobachten. Der Esoteriker bezeichnet diese Pünktchen als Vitalitäts- oder Lebenskraft-Kügelchen oder -Tröpfchen. Der Ätherleib nimmt ständig solche Materiepartikelchen oder -teilchen auf, die ihn dann wiederum vitalisieren können.

Wilhelm Reich, der viel mit den pranischen Energien experimentiert hat, die er als Orgonenergie bezeichnete, kam zu demselben Schluß wie die indischen Weisen. Reich stellte die Existenz einer ursprünglichen, allgegenwärtigen Energie fest, die alles durchdringt. Diese Energie manifestiert sich bei den Lebewesen als biologische Energie und nimmt im Universum als Ursprung galaktischer Systeme, als Materie und Bewegung Gestalt an.

Reich spricht weiter davon, daß die Erde, die Menschen, die Tiere und Pflanzen jeweils von einer individuellen Orgonhülle umgeben sind, die man deutlich vom umgebenden Orgonmeer abgehoben wahrnehmen kann. Diese Hülle bezeichnen wir als die Aura der Gesundheit, die gröbste der sichtbaren Schwingungen, die die menschliche Gestalt umgeben. Reichs Schilderung der Orgonpünktchen als flimmernde, umhersausende und wirbelnde Manifestation universeller Energie deckt sich genau mit der Beschreibung der Vitalitätskügelchen der Esoteriker.

Nachdem wir die pranischen Kräfte und ihre Rolle bei der Vitalisierung der menschlichen Gestalt kurz beschrieben haben, können wir uns nun der Art und Weise zuwenden, in der Prana vom Ätherleib aufgenommen wird. Die Vitalität des Patienten wird der Radionik-Therapeut stets in seine Überlegungen einbeziehen, da er weiß, daß die Fähigkeit des menschlichen Körpers, die Gesundheit wiederzuerlangen, zum großen Teil von dem Zustand abhängt, in dem sich die Lebenskraft der verschiedenen Systeme befindet.

Das Milz-Chakra ist dasjenige Kraftzentrum, das in einem sehr engen Verhältnis zur Lebenskraft steht, gehört jedoch nicht zu den Hauptchakren. Seine Aufgabe ist es, alle Chakren auf allen Ebenen der Persönlichkeit oder des niederen Selbst mit vitaler Energie zu versorgen. Das Milz-Chakra steht nicht direkt mit den Energien in Beziehung, die den Menschen durch die Hauptchakren in einen Zustand der Spiritualität versetzen. Das Milz-Chakra hat die Aufgabe, den Ätherleib zu vitalisieren.

Wir müssen uns bewußtmachen, daß die sieben Hauptchakren in der frühen Phase der menschlichen Entwicklung entstanden sind als eine Reaktion auf die starke Einwirkung der sieben Hauptströme von Energie, aus denen, wie es heißt, das Evolutionsschema unseres Universums besteht. Die Hauptchakren haben jedoch nicht direkt mit der Vitalisierung des Ätherleibes durch solares und planetarisches Prana zu tun; für diese Aufgabe ist eine andere Gruppe von Chakren verantwortlich.

Das Empfangssystem für das Prana besteht im wesentlichen aus drei Kraftzentren oder Chakren, von denen das Milz-Chakra am bekanntesten ist. Dazu kommt ein weiteres Chakra, das sich genau unterhalb des Zwerchfells befindet, und ein drittes Kraftzentrum, das seinen Sitz zwischen den Schulterblättern genau über dem Herz-Chakra hat. Wie alle anderen Chakren erscheinen sie als kreisende untertassengroße Vertiefungen an der Oberfläche des Ätherleibes und sind miteinander durch einen dreifachen Energiefaden zu einem Kräftedreieck verbunden, das als pranisches Dreieck bekannt ist.

Das Prana dringt in den Ätherkörper durch untergeordnete Kraftzentren ein, die sich überall im oberen Teil des Rumpfes befinden. Es wird anschließend in das Milz-Chakra hereingezogen und zirkuliert im Dreieck, das von den drei Chakren gebildet wird. Bevor es aus dem Milz-Chakra austritt, um den Ätherleib zu vitalisieren, durchläuft das Prana einen Prozeß, der seine Kraft reguliert.

Wenn der Organismus gesund ist, wird die Schwingungsrate erhöht. Ist der Betreffende bei schlechter Gesundheit, dann wird die Schwingungsrate vermindert, damit die vitalisierende Kraft des Prana den Ätherleib nicht überlastet.

Die Assimilation des Prana findet statt, nachdem das Prana das Kräftedreieck der drei pranischen Chakren durchlaufen hat. Das Prana durchdringt nun das ätherische Gewebe und schafft einen Vitalitätszustand, der dem Vermögen des Organismus, pranische Energie aufzunehmen, entspricht. Auf diese Weise werden der dichte physische Körper und der

Das Prana-Dreieck

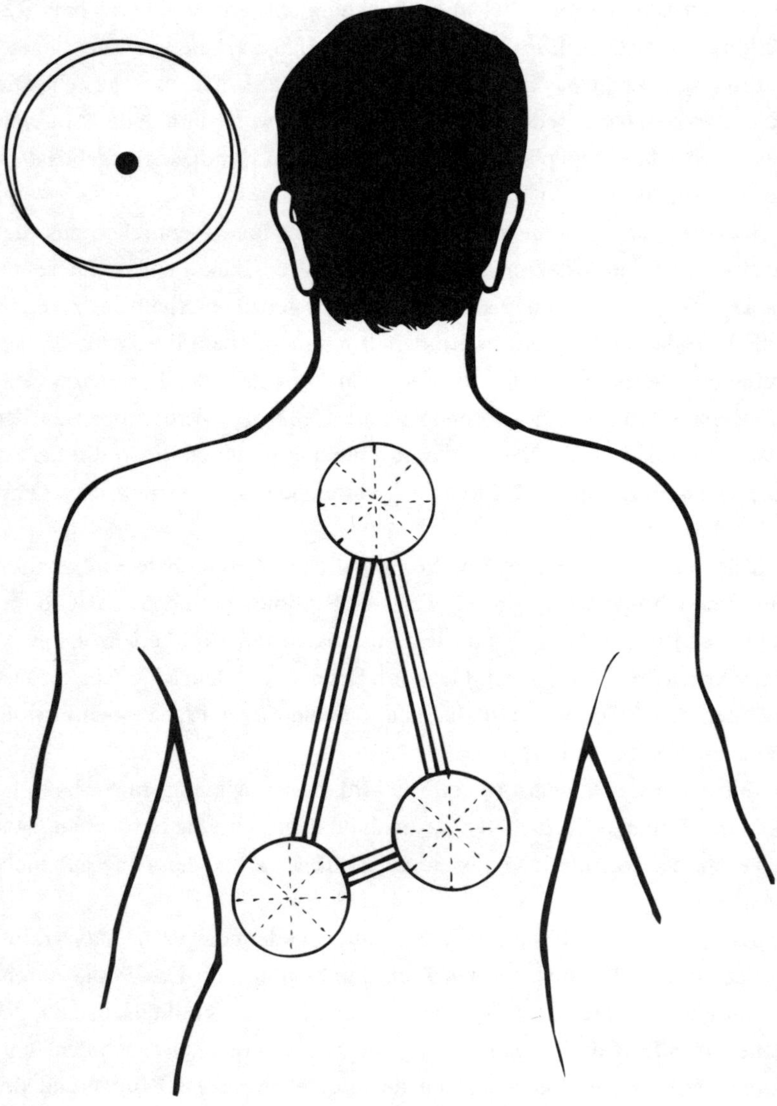

Ätherleib in einer zusammenhängenden Einheit gehalten. Dieser Zustand bleibt erhalten, bis die „Silberschnur" gelöst und der Kontakt mit dem Ätherleib durchbrochen wird, was den Tod und schließlich die Auflösung des menschlichen Körpers zur Folge hat.

In der herkömmlichen Medizin ist die genaue Funktion der Milz immer noch nicht definiert. Für den Anhänger der feinstofflichen Anatomie steht sie in einer interessanten Verbindung zur Plazenta und zur Nabelschnur, durch die der Fötus mit der Mutter verbunden ist und ernährt wird. Die Nabelschnur wird, wie wir alle wissen, durchgetrennt, wenn das Kind auf die Welt gekommen ist. Auf ähnliche Weise wird die ätherische Silberschnur zwischen dem physischen Körper und dem Ätherleib beim Tod durchgetrennt, und der innere Mensch wird zu voller Bewußtheit in eine Welt von höherer und subtilerer Dimension „hineingeboren".

Wenn der Radionik-Therapeut den Vitalitätsindex seines Patienten mißt, muß er analysieren, ob die pranischen Energien in der richtigen Art und Weise vom Milz-Chakra empfangen, assimiliert und weitergeleitet werden. Auch die beiden anderen Chakren des pranischen Dreiecks müssen aufmerksam überprüft werden, besonders das Zentrum zwischen den Schulterblättern, das sehr stark durch Verzerrungen oder Teilausrenkungen der Brustwirbelsäule, Verspannungen der oberen und mittleren Brustmuskulatur und allgemein durch eine schlechte Haltung beeinträchtigt wird. Alle diese Faktoren stören den Kreislauf und die Nutzung des Prana und führen schließlich zu Erschöpfungszuständen.

Es ist aufschlußreich, daß Dr. Abrams stets den Dornfortsatz des siebten Halswirbels abklopfte, um dadurch die Milz zu erweitern. Er fixierte diese Erweiterung (Dilatation), indem er den Dornfortsatz des zweiten Rückenwirbels abklopfte. Danach erst war er bereit, mit der Radionik-Behandlung zu beginnen.

Abrams konstatierte, daß sich durch dieses Vorgehen giftige Substanzen und miasmatische Toxine in der Milz sammelten. Durch diese Konzentration in einem Punkt des Organismus konnte er den Patienten in kurzer Zeit von diesen Giftstoffen befreien; indem er das angezeigte Mittel an die Stelle oberhalb der Milz pinselte und zudem arzneilich präparierte Tampons auf den entsprechenden Bereich auflegte, erzielte er weitere Reaktionen.

Abrams hatte für seine Manipulation der Dornfortsätze der Hals- und

Rückenwirbel gute physiologische Gründe. Der Kraftzentren-Therapeut sieht aber andere und tiefere Gründe für diesen Vorgang: Durch die Erweiterung der Milz regte Abrams in der Tat die Aktivität des Milz-Chakras kurzfristig an, und diese Tatsache hatte zur Folge, daß die feinstofflichen Energien der auf den Körper applizierten Medikamente den Ätherleib durchdrangen und alle Hauptchakren der Wirbelsäule erreichten. Dieser Vorgang hat natürlich eine tiefgreifende, heilende Auswirkung auf den menschlichen Körper.

Wenn wir Radionik-Therapeuten die Gesetze der Vitalisierung des menschlichen Körpers durch die solaren Energien richtig verstehen, werden wir unseren Patienten besser helfen können. Sir Thomas Browne schrieb einmal: „Das Leben ist eine reine Flamme, und wir leben durch eine unsichtbare Sonne in uns.“ Dieser Gedanke läßt sich in vielfältiger Weise interpretieren, je nachdem, von welcher Ebene man spricht. Auf der physisch-ätherischen Ebene ist der Bezug zum Milz-Chakra und seiner Aufnahme von solarem Prana eindeutig.

6

Das Instrument der Chakren- oder Energiezentren-Therapie

Die ganze Welt umgibt den Menschen, wie ein Kreis einen Mittelpunkt umschließt – und Weisheit, sei sie himmlisch oder irdisch, kann nur erlangt werden mittels der Anziehungskraft zwischen Mittelpunkt und Kreis.

Paracelsus

Bevor wir uns in die praktischen Aspekte der Diagnose und Therapie der feinstofflichen Anatomie des Menschen vertiefen, ist es notwendig, sich kurz der Frage der Therapieinstrumente unter dem Gesichtspunkt des bisher Gesagten zuzuwenden.

Schon zu Beginn meiner Beschäftigung mit Radionik war mir die Tatsache aufgefallen, daß alle verfügbaren Instrumente und ihre Bedienungstechnik bloße Variationen ein und desselben Prinzips waren. Obwohl die ätherische Komponente der Materie in Radionikkreisen allgemein anerkannt war, gab es keinen Hinweis darauf, daß diese Erkenntnis als Ausgangspunkt bei der Entwicklung neuartiger Radionik-Instrumente oder der Erarbeitung besserer Methoden der Diagnose und Therapie gedient hatte.

Ich war der Meinung, daß, wenn ein Radionik-Instrument auf die ätherischen Ebenen einwirken soll – und es ist dies mit Sicherheit der Bereich, auf dem alle Radionikgeräte wirksam sind -, es sinnvoller wäre, ein Gerät zu konstruieren, das schon durch seine Form und seine funktionalen Eigenschaften mit den Ätherebenen verbunden wäre. Wenn das Instrument und seine Handhabung in direkter Beziehung zu den Gesetzen der ätherischen Bildekräfte stehen, kann man wohl davon ausgehen, daß dieses Gerät von größerer Wirksamkeit ist, was letztendlich dem Patienten zugute kommt. Daher entschloß ich mich zu dem Versuch, ein Gerät zu entwickeln, das diese Anforderungen erfüllen würde.

Theoretisch war dies ein sehr interessantes Unterfangen, doch mein anfänglicher Enthusiasmus erhielt einen schweren Dämpfer, als ich feststellen mußte, daß meine zahlreichen Entwürfe allzuviele Ähnlichkeiten mit bereits vorhandenen Instrumenten aufwiesen. Soviel ich auch daran arbeitete, es schien unmöglich, sich von dem alten Konzept der Radionik-Instrumente zu lösen. Nach einigen Monaten gab ich das Projekt schließlich auf und beschloß, mich mit den vorhandenen Geräten zufriedenzugeben.

Daraufhin geschah etwas Bemerkenswertes. Kaum hatte ich mein Vorhaben aufgegeben, da stellte sich die langgesuchte Antwort auf das Problem plötzlich ganz intuitiv ein. Die Lösung bestand darin, *eine organische geometrische Form für die Anordnung der Skalenscheiben zu verwenden, eine Form, die den Chakren und den ätherischen Bildekräften entspricht.*

Der Kreis war die einzig mögliche Lösung, da er in der Tat ein ätherisches Prinzip sowohl des Mikro- als auch des Makrokosmos darstellt. Die Chakren selbst bestehen aus drei konzentrischen Energiekreisen, und auch der Fluß der ätherischen Bildekräfte steht, wie wir sehen werden, in Beziehung zum Kreis.

Von dieser Erkenntnis ermutigt, begann ich zwei Werke von George Adams zum Thema ätherische Geometrie in der Hoffnung durchzuarbeiten, eine Bestätigung für die Idee der kreisförmigen Anordnung der Skalenscheiben zu finden. Ich selbst war zwar vollkommen von der Richtigkeit meiner Idee überzeugt, doch würde es interessant sein zu sehen, welche Bestätigung dafür in den Schriften der Gelehrten zu finden wäre, die ein profundes Wissen über die ätherischen Bildekräfte hatten. Wer sich mit den Prinzipien der ätherischen Geometrie intensiv beschäftigen möchte, um den Bezug zur Radionik herzustellen, dem kann ich das im Anhang genannte Werk von George Adams sehr empfehlen.

Darin fand ich auch ein Zitat von Rudolf Steiner, in dem dieser folgende Bemerkung zur grundlegenden Aktivität der ätherischen Bildekräfte macht: „Die ätherischen Bildekräfte strömen vom Rand des kosmischen Raums zentripetal nach innen."

Adams selbst schrieb: „Der Kreis manifestiert die isotrope Eigenschaft des metrischen Raumes – die gleichen Maßeinheiten nach allen Richtungen." Auf der Suche nach weiterer Bestätigung fand ich in G. Wachsmuths Werken folgenden Satz: „Der Kreis schließt alle Farben und Formen im Spektrum des Lichts und der Natur ein – die Welt des geistigen Seins strömt in die Welt der Substanz ein."

Auch Paracelsus war sich offenbar bewußt, daß der Kreis ein außerordentlich wichtiges Symbol sei, und nahm in seinen Schriften oft darauf Bezug. Ich fand dazu folgendes Zitat: „Alles, was der Mensch vollbringt oder tut, was er lehrt oder erlernen möchte, muß seine rechte Proportion besitzen; es muß seiner eigenen Linie folgen und in seinem eigenen Kreis bleiben, damit das Gleichgewicht erhalten bleibe, damit es kein krummes Ding gebe, damit nicht der Kreis überschritten werde."

Auch in der Autobiographie des amerikanischen Architekten Buckminster Fuller mit dem Titel *Ideas and Integrities* fand ich eine Stelle, die sich auf die Kreisform bezieht. Es handelt sich dabei auch um eine der interessantesten Aussagen zum Wirken der ätherischen Bildekräfte aus einer zeitgenössischen Quelle. Er faßt seine Ausführungen mit dem Satz zusammen: „Das Ego des Menschen ist ein multikonzentrisches Halo-System." Fullers Gedanken stimmen mit den Erkenntnissen der alten Seher überein, die feststellten, daß drei Kreise das niedere Selbst des Menschen und die darin befindlichen Chakren symbolisieren.

Geometrische Anordnung der Skalenscheiben

Um eine vollständige Entsprechung zwischen dem Fluß der ätherischen Bildekräfte und dem Radionik-Instrument herzustellen, muß die Anordnung der Skalenscheiben, d.h. der Einstellskalen für die Schwingungsraten, mit der kreisförmigen Peripherie des kosmischen Raumes übereinstimmen. Auf diese Weise gibt es weniger Widerstand beim Empfang und der Verteilung der Energien.

Die Skalenscheiben oder Resonatoren werden geometrisch in Kreisform angeordnet, damit sie als *selektierende, verbindende Einheiten oder Elemente* wirken können, die die peripheren, nach innen strömenden ätherischen Bildekräfte mit der irdischen, materiellen Form – der Vertiefung zum Einlegen der Probe des Patienten – in Verbindung bringen. Auf diese Weise entsteht eine harmonische Beziehung zwischen dem Instrument und der hypothetischen, unendlichen Peripherie des Raumes, und durch die richtige Wahl der Kennwerte werden jene Energien angezogen, welche die fehlende Harmonie beim Patienten wiederherstellen können.

Die kreisförmige Anordnung wirkt also als ein anziehendes Kraftzentrum. Durch sie wird der Patient auf harmonische Weise mit der Peripherie des Kosmos verbunden, und die angezogenen Energien können helfen, das Gleichgewicht innerhalb der Frequenzsysteme des Patienten wiederherzustellen.

Nachweislich intensiviert sich das Energiefeld automatisch, wenn es sich innerhalb einer Einfassung oder einer Schablone befindet. Man betrachte nur ein ungerahmtes Bild: Es ist erstaunlich, wie ein Rahmen zur Aussagekraft des Gemäldes beiträgt und sie steigert. Die kreisförmige Anordnung der selektierenden verbindenden Elemente und die Anlage der Armaturentafel selbst bilden für die Probe des Patienten einen Rahmen von beträchtlicher Kraft.

Dies waren die Notizen und Gedanken, aus denen das Mark I Centre-Instrument entwickelt wurde. Es handelte sich um ein großes Gerät mit drei Kreisen von Resonatoren. Der innere Kreis enthielt die Therapie-Kennwerte, der mittlere die Chakren, zu denen die Werte geleitet wurden, während der dritte Kreis die Kennwerte der Drüse oder des Organs enthielt, die in Beziehung zu dem behandelten Chakra standen. Auf diese Weise wurde eine fließende Form der Behandlung dargestellt. Die Kreise wurden auch noch auf eine weitere Weise eingesetzt. Der Kennwert des Mentalkörpers wurde zu diagnostischen Zwecken auf dem kleinen inneren Kreis eingegeben, und der mittlere Kreis diente der Diagnose des Astralkörpers, während der äußere Kreis für die Untersuchung des Ätherleibs verwendet wurde. Wie sich herausstellte, war das Gerät zwar bemerkenswert sensibel, doch zu groß für eine praktische Handhabung.

Als nächstes wurde Mark II entwickelt, ein viel kleineres Gerät, das nur noch einen Kreis von Skalenscheiben besaß. Dieses Instrument war strombetrieben und enthielt eine Lichtquelle von fünf Watt, mit der Farben über die Resonatoren auf die Probe des Patienten projiziert wurden. Ferner verfügte Mark II über eine kleine Vorrichtung, welche Schwingungen im rechten Winkel zum Farbfluß direkt auf die Blutprobe des Patienten sendete. Das Gerät war insofern in seiner Wirkung beschränkt, als nur jeweils ein Kennwert eingestellt werden konnte, der das Chakra oder einen der fein-

stofflichen Körper repräsentierte, auf welche die Farbe gerichtet werden konnte. Auch dieses Gerät erwies sich als sehr wirksam bei der Fernbehandlung, daher entwickelte ich im Anschluß ein Instrument, das einen Kompromiß zwischen Mark I und II darstellen sollte.

Das Ergebnis war das Mark III Centre-Instrument, das oben abgebildet ist. Es besteht aus zwei getrennten Armaturenplatten auf einem Kasten aus Mahagoni. Die Platte auf der rechten Seite (im Bild links) enthält die Scheibe zur Aufnahme der Probe des Patienten und den sogenannten Detektor. Beide sind frei drehbar, damit man sie während der Diagnose und Behandlung in die richtige Position bringen kann. Jede dieser Scheiben trägt ein spezifisches Muster, das jeweils zu dem Bediener des Geräts in einer Beziehung steht. Das bedeutet nicht, daß kein anderer dieses Instrument handhaben könnte, doch wurde es so konzipiert, daß es mit der höchstmöglichen Empfindlichkeit für seinen Besitzer arbeitet. Die Wichtigkeit der Individualität des Radionik-Therapeuten und seiner Einstellung zu dieser Heilform wird ja besonders betont, und daher erschien es sinnvoll, individuell abgestimmte, anstatt vorgefertigte Instrumente herzustellen. Die Scheibe zur Aufnahme der Probe des Patienten ist von zwei Kreisen von Einstellskalen für die Schwingungsraten umgeben, während die Detektorscheibe rechts davon zur Anwendung des Pendels dient. Die Scheibe zur Aufnahme der Proben hat einen Schlitz, durch den die Blutprobe oder die Haarlocke des Patienten in Kontakt mit dem Gerät steht. Die schmale Armaturenplatte zur Linken ist die sogenannte Kontrollplatte. Darauf befinden sich oben drei Schalter, je einer für Strom, Licht und Ton. Der Drehknopf unterhalb der Schalter ermöglicht es dem Therapeuten, die Intensität des Lichtstrahls für die Behandlung zu regulieren.

Weiterhin sind in das Gerät Löcher gebohrt, in denen Ampullen mit homöopathischen Mitteln plaziert werden können, und davor befindet sich ein Schlitz, in den Farbdias bzw. Farbfilter zur Behandlung der Chakren eingeführt werden. Der nächste Drehknopf ist eine Meßscheibe mit einer Einteilung von 0 bis 100; er wird gebraucht, um die Stärke der Störungen in den einzelnen Chakren oder feinstofflichen Körpern zu messen. Darunter befindet sich ein Knopf, der von den fünf Symbolen umgeben ist, welche in Kapitel 3 beschrieben worden sind. Diese Symbole dienen dazu, den Entwicklungsstand jedes Chakras zu ermitteln. Das ganze radionische Gerät ist etwa 56 cm lang und 36 cm breit, also ziemlich kompakt und leicht zu handhaben.

Die Lichtquelle, welche die Frequenz der Heilmittel oder der Farbe über die Resonatoren im größeren Teil des Kastens leitet, befindet sich direkt hinter dem Schlitz für die Farbdias in der Mitte des schmaleren Teils. Ein Lautsprecher befindet sich unter der Kammer für die Probe des Patienten und wird gebraucht, um ein Diamant-Schwingungsmuster zu erzeugen, das dem Muster des planetarischen ätherischen Gewebes entspricht. In Indien werden solche Lautsprecher häufig bei der Fernbehandlung eingesetzt, um die Schwingungsmuster von Edelsteinen oder Halbedelsteinen zu übertragen, und nach meinen Erfahrungen sind sie in Verbindung mit dem sichtbaren Farbspektrum von guter Wirksamkeit.

Die kreisförmige Anordnung von Resonatoren hat einen einzigartigen Effekt, den man sich auf dem Gebiet der Radionik-Diagnose und -Therapie bislang noch nicht zunutze gemacht hat. Durch die kreisförmige Anordnung der Wählscheiben ist man zum Vorteil der Therapie in der Lage, den gewählten Kennwert (oder die gewählte Frequenz) in die optimale Kreisposition relativ zum zentripetalen Fluß der ätherischen Bildekräfte und zur Probe des Patienten zu bringen. Wenn Sie etwas darüber nachdenken, werden Sie die Vorteile erkennen, die sich aus der Möglichkeit ergeben, die Kreisposition des jeweiligen Kennwertes zu verändern.

Gemäß seinem Zweck, sich auf die ätherischen Ebenen einzustimmen, macht sich Mark III folgendes nutzbar: Elektrizität, die ihre ursprüngliche Schwingung auf der Ebene des ersten Äthers hat. Licht, das in enger Beziehung zum zweiten Äther steht und diesen als Medium benutzt. Klang oder Ton, der durch den dritten Äther wirkt, der gleichzeitig der Äther der Zahlen ist, und schließlich Farbe, die dem vierten Äther zugeordnet ist. Auf diese Weise findet sich jede Ätherebene des menschlichen Körpers auch auf dem Instrument.

Nachdem das Gerät geschaffen war, ging es als nächstes darum, die Zahlenwerte für die Skalenscheiben festzulegen. Über die Bedeutung der Zahlen ist viel spekuliert worden, doch läßt sich mit ziemlicher Sicherheit sagen, daß Pythagoras die wahren inneren Geheimnisse dieser Wissenschaft mit ins Grab genommen hat.

George Adams hatte geschrieben, daß der Kreis die isotropen Eigenschaften des metrischen Raumes manifestiere. Dies war zwar kaum ein Hinweis darauf, daß die Zehn die Zahl der Wahl sei, doch deutete es immerhin die Möglichkeit an. Für diese Möglichkeit sprach auch die Tatsache, daß in den alten Lehren die Zehn als die größte unter den Zahlen verehrt wurde, weil sie alle arithmetischen und harmonischen Proportionen umfasse und die Zahl an sich sei.

Folgendes Zitat, das sich auf Kreis und Zahl bezieht, findet sich bei George Adams: „Wenden wir uns nun der Blüte zu: Wir sehen, wie aus dem verborgenen gestaltenden Prinzip mehr oder weniger unvermittelt und evident sich eine numerische Qualität manifestiert. Wir sehen in der typischen kreisförmigen Gestalt der Blüte eine große Vielfalt zyklischer Zahlenbilder mathematischer Natur." Und weiter lesen wir: „Ähnlich wie die Blüte der Pflanze sehen wir das Blut des Menschen, in dessen Kreislauf ebenfalls eine verborgene Musik der Zahl am Werk ist."

Gestützt auf diesen scheinbar schwachen Zusammenhang zwischen dem metrischen Raum, dem Kreis und den Zahlenbildern in der kreisförmigen

Gestalt von Blüten und Blutkreislauf entschloß ich mich, die Zahl Zehn als Kennwert für mein Mark III Instrument zu verwenden. Abrams, Ruth Drown und George de la Warr hatten alle ihre Geräte zwischen 0 und 10 kalibriert, und ich sah keinen Grund, eine andere Zahl zu verwenden.

Auf dem Instrument befinden sich zwei Kreise von Skalenscheiben. Jeder Kreis wird von acht Resonatoren gebildet. Alle verwendeten Kennwerte bestehen aus acht Ziffern. Das war eine willkürliche Entscheidung, doch diese Zahl vermittelte mir ein angenehm umfassendes, organisches Gefühl. Später erfuhr ich, daß die Acht als Zahl der Erneuerung gilt. Zehn als Zahl der Harmonie und Acht als Zahl der Erneuerung schienen mir ideal geeignet für ein Radionikinstrument.

Ich bin der Überzeugung, daß der Gebrauch des Kreises oder kreisförmiger Formen bei der Entwicklung von Instrumenten zur Aufnahme und Weitergabe von Energien auch auf anderen experimentellen Gebieten breite Anwendung finden könnte. So hat in Amerika beispielsweise die Bell Company eine Bleibatterie entwickelt, die auf diesen Prinzipien beruht. Diese Batterie soll eine Lebensdauer von 30 Jahren besitzen, und das Bemerkenswerte daran ist, daß sie stärker und wirksamer wird, je älter sie wird. Vermutlich zieht die kreisförmige Anordnung der Bleielemente im Inneren der Batterie Energie an und speichert sie, ähnlich wie bei einem Orgon-Akkumulator.

Mit Sicherheit hat die Verwendung der kreisförmigen Anordnung der Skalenscheiben beim Radionikinstrument gegenüber den Standardgeräten einen großen Vorteil. Indem ein natürliches Prinzip, der Fluß der ätherischen Bildekräfte, genutzt wird, zeichnen sich sowohl Diagnose als auch Therapie durch eine Einfachheit und Genauigkeit aus, die auf keine andere Art und Weise erreicht werden können.

7

Die Diagnose und die feinstofflichen Körper

> Die neue medizinische Wissenschaft wird in einem außerordentlichen Ausmaß auf der Lehre von den Chakren aufgebaut sein, und auf dieses Wissen werden sich die Diagnose und die möglichen Heilverfahren gründen.
>
> Alice A. Bailey: *Esoterisches Heilen*

Selbst für den Nichtfachmann stellt sich der menschliche Körper als ein Gebilde von erstaunlicher Komplexität und Vielfalt dar. Es gibt Billionen Zellen, und jede einzelne von ihnen spielt ihre Rolle bei der Aufgabe, aus einer Vielfalt von unterschiedlichen Strukturen einen harmonisch funktionierenden Organismus zu machen. Alle Teile des menschlichen Körpers hängen voneinander ab: Wenn das Herz stehenbleibt, bricht der ganze Organismus zusammen; wenn bestimmte Gehirnzellen zerstört werden, kann ein Körperteil unbrauchbar werden, oder die Persönlichkeit des Betreffenden verändert sich grundlegend.

Alle diese Funktionen und Abläufe werden nach und nach durch die medizinische Forschung entschlüsselt, so daß wir heute eine Fülle von Informationen über den Menschen als ein hochkomplexes und feinabgestimmtes Gefüge von Organsystemen haben. Im Gegensatz dazu findet sich über den Menschen als ein System von Energiefeldern kaum etwas in der wissenschaftlichen Literatur.

Im Jahre 1935 veröffentlichten Northrop und Burr ihre elektrodynamische Theorie des Lebens. Diese revolutionäre Theorie, die Leben als ein System von Kraftfeldern auffaßt, wurde zwar von den zeitgenössischen konventionellen Wissenschaftlern nicht gerade sofort mit offenen Armen aufgenommen, doch hat sie sich in der Folgezeit als einer der größten Schritte nach vorn in der Erforschung des Lebens unter dem Gesichtspunkt der Energie- und Kraftfelder erwiesen.

Wenn die Radionik sich ihrerseits weiter und höher entwickeln soll, muß sie die Vorstellung des Menschen als ein elektromagnetisches Kraftfeld anerkennen und noch einen Schritt darüber hinausgehen. Die Wissenschaft hat diesen Ansatz aufgegriffen und wird sicherlich dieses Feld gründlich bearbeiten. Im Verlauf dieser Arbeit wird die Forschung die frühen Arbeiten der Radionikpioniere bestätigen, und die Wissenschaft wird dann die zugrundeliegenden Ideen dieses Diagnose- und Heilverfahrens anerkennen können.

Trotzdem muß die Avantgarde jeder radionischen Forschung den gerade gültigen Normen stets voraus sein. Aus diesem Grund ist der nächste Schritt, der in der Radionik getan werden muß, die Entwicklung von Diagnoseverfahren, die sich auf die feinstoffliche Anatomie des Menschen gründen. Die Radionik muß sich (anstatt auf die elektromagnetischen Felder) in Zukunft auf das ätherische Kraftfeld mit seinen dynamischen Kraftzentren beziehen, welche den körperlichen Organismus nähren und erhalten.

Das korrekte Radionik-Diagnoseverfahren ist ein langandauernder und detaillierter Vorgang, zu dem langwierige Phasen ermüdender Arbeit gehören, die häufig die Energie des Therapeuten erschöpfen. Diese Verfahren, die sich an die Organsysteme, also den physischen Körper halten, können letztendlich die zugrundeliegende Krankheitsursache nicht aufdecken. Es ist von wesentlicher Bedeutung, den Zustand der Chakren und der feinstofflichen Körper zu bestimmen, um der Ursache der Störungen in den Kraftfeldern des Menschen auf den Grund zu kommen.

Das Diagnoseverfahren zur Therapie der Chakren- oder Kraftzentren bezieht sich direkt auf den Ätherleib mit seinen sieben Hauptchakren. Damit kommt man von einer irrelevanten Betrachtung der Billionen Zellen, die den menschlichen Organismus bilden, ab und konzentriert sich auf das Energiefeld, das diese erst aktiviert. Der Radionik-Therapeut muß sich immer vor Augen führen, daß der menschliche Körper nichts anderes als ein Automat ist, dessen Lebensvorgänge von der Aktivität der zugrundeliegenden Kraftfelder abhängen, die wir als Äther-, Astral- und Mentalkörper bezeichnen.

Das Konzept dieser Therapie ist sehr grundlegend und einfach: Sie bestimmt zunächst den Zustand und die Aktivität der Hauptchakren und des Milz-Chakras. Ferner wird der Zustand des Ätherleibs überprüft und nach dem Vorhandensein von Miasmen und Toxinen gesucht. Damit ist die erste Untersuchungsphase abgeschlossen.

Die Probe des Patienten, beispielsweise ein Blutstropfen, eine Haarlocke oder etwas Speichel, wird in die dafür vorgesehene Vertiefung oder Kammer am Radionikinstrument gelegt und in die korrekte Kreisposition gebracht, die von dem Pendel über der Detektorplatte angezeigt wird. Die Detektorplatte wird nun in die entsprechende Position im Verhältnis zur Probe des Patienten gedreht, was die korrekte, für die Diagnose relevante Nebeneinanderstellung der geometrischen Muster der Kammern ergibt.

Anschließend wird der individuelle Kennwert des Patienten ermittelt. Dies geschieht, indem jede Skalenscheibe so lange gedreht wird, bis eine Reaktion angezeigt wird; die angezeigte Zahl wird notiert. Dieser Vorgang wird mit den acht Skalenscheiben wiederholt, bis der vollständige Kennwert des Patienten ermittelt ist. Er kann etwa so aussehen: 77538024, und er gibt ein ganzheitliches Bild des Zustands des Patienten wieder. Diese Zahl verbleibt im äußeren Scheibenkreis, bis die Diagnose erstellt ist. Man verwendet bevorzugt diesen individuellen Kennwert, weil er im Gegensatz zu einem Symptomwert einen vollständigen Eindruck des Patienten wiedergibt.

Als nächster Schritt der Diagnose wird der Vitalitätsindex des Patienten ermittelt, indem man im Geist nach der Vitalität des Patienten fragt und den Wert dafür mit der Meßscheibe ermittelt. Dieser Wert wird auf das Analyseformular übertragen, wobei ein Wert von 75 bis 80 bei den meisten Bedienern normal ist. Sodann wird das Milz-Chakra daraufhin überprüft, ob eine Überfunktion, eine Unterfunktion oder eine normale Aktivität vorliegt, denn der Zustand des Milz-Chakras hat eine direkte Wirkung auf die Vitalität des Patienten. Zeigt sich hier eine Über- bzw. Unterfunktion an, muß festgestellt werden, ob am Eintritts- oder Austrittspunkt eine Blockade vorliegt. Im Falle einer Blockade wird auch diese im Analyseformular vermerkt. Anschließend wird der Zustand der beiden anderen Prana-Kraftzentren auf die gleiche Weise überprüft und das Ergebnis festgehalten.

Nachdem man den Zustand der pranischen Kraftzentren und den Vitalitätsindex des Patienten ermittelt hat, kann man die Aufmerksamkeit auf die sieben Hauptchakren der Wirbelsäule lenken. Das Analyseverfahren ähnelt dem des Milz-Chakras.

Man beginnt beim Kronen-Zentrum und untersucht ein Chakra nach dem anderen bis hinunter zum Basis-Chakra. Der Therapeut stellt sich im Geist die Frage, ob das Kronen-Chakra eine Überfunktion, eine Unterfunktion oder eine normale Aktivität aufweist. Je nach dem Befund wird das im Analyseformular mit dem entsprechenden Symbol vermerkt, also +, – oder N. Es muß betont werden, daß es darum geht, die absolute, grundlegende Verfassung des Chakras zu ermitteln und nicht einen vorübergehenden Zustand zu bestimmen. Als Beispiel nehmen wir einen Patienten, dessen Solarplexus-Chakra eine Unterfunktion anzeigt. Sicher würde ein plötzlicher Schrecken das Chakra sehr aktivieren, doch würde es sich hierbei um einen vorübergehenden Zustand handeln, der nicht die wahre Befindlichkeit des Chakras anzeigt. Der grundlegende Zustand des Chakras wechselt nicht von Tag zu Tag, sondern bleibt gleich und verändert sich nur langsam unter dem Einfluß einer Behandlung oder durch Veränderungen in der Persönlichkeit des Patienten, um die sich dieser aus eigener Kraft bemüht.

Der Grad der Über- bzw. Unteraktivität des Chakras wird gemessen und notiert. Wenn die Werte im Verlauf einer Behandlung gegen null gehen, zeigt das eine Normalisierung des Chakras an.

Zeigt das Kronen-Chakra + oder – an, muß nach Blockaden gesucht werden, die möglicherweise vorhanden sind und diese Störung verursachen. Während der Grad der Störung auf der Meßscheibe angezeigt wird, stellt der Therapeut wieder geistig die Frage, ob das Chakra blockiert ist. Wenn das Pendel eine positive Antwort anzeigt, muß festgestellt werden, ob diese Blockierung an dem Punkt vorliegt, an dem die Energien in das Chakra einströmen, oder an ihrem Austrittspunkt, wo sie ihre Wirkung auf eine endokrine Drüse, in unserem Fall die Zirbeldrüse, ausüben. Blockierungen werden wie folgt angezeigt:

Blockaden am Eintrittspunkt	0.
Blockaden am Austrittspunkt	.0

Vorhandene Blockierungen werden in das Formular aufgenommen. Dieser Vorgang wird bei dem Stirn-, dem Kehl-, Herz-, Solarplexus-, Kreuzbein- sowie dem Basis-Chakra wiederholt und das Ergebnis in das Analyseformular übertragen.

Nachdem jedes Chakra einzeln analysiert worden ist, wendet der Therapeut seine Aufmerksamkeit dem Ätherleib als Ganzem zu und versucht die Faktoren zu finden, die einen harmonischen Energiefluß in diesem Bereich behindern. Als erstes muß genau festgestellt werden, ob Miasmen vorliegen. Man kennt verschiedene Miasmen, doch der Kraftzentren-Therapeut befaßt sich mit den drei Haupt-Miasmen. Diese sind das syphilitische Miasma, das uns von der lemurischen Zivilisation hinterlassen wurde; das Tuberkulose-Miasma, das Erbe der Zivilisation von Atlantis, und schließlich das Krebs-Miasma, das die Krankheit unserer gegenwärtigen arischen Zivilisation ist.

Bemerkenswert ist, daß sowohl Syphilis als auch Tuberkulose, welche den physischen und emotionalen Aspekt der menschlichen Evolution repräsentieren, unter Kontrolle sind. Andererseits setzt die Permissivität der modernen Gesellschaft bestimmte Energien frei, so daß wir beobachten können, daß syphilitische Erkrankungen oder Energiestörungen wieder im Zunehmen begriffen sind. Die Mehrheit der Menschen in unserem Zeitalter ist mit der Entwicklung und Entfaltung ihres Mentalkörpers beschäftigt. Wenn diese, bewußt oder unbewußt, mit einem Übermaß an Unterdrückung des Emotionalen einhergeht, hat das Krebs zur Folge.

In diese drei Hauptmiasmen, nämlich das Syphilis-, Tuberkulose- und Krebs-Miasma, läßt sich jede Krankheit einordnen. Es ist auch möglich, daß Patienten gleichzeitig an einer Kombination von zwei oder mehr Miasmen leiden, welche ihre Gesundheit untergraben. Samuel Hahnemann, der Begründer der Homöopathie, wählte folgende Bezeichnungen für die drei Hauptmiasmen: das syphilitische, das psorische und das sykotische Miasma. Ich empfehle dem Leser, sich mit der Literatur zum Thema eingehender zu befassen, denn Miasmen im Ätherkörper sind für viele Gesundheitsstörungen verantwortlich, und eine Behandlung mit Homöopathie oder Radionik ist hier von wesentlicher Bedeutung für die Gesundheit.

Giftige Substanzen bakteriellen, chemischen oder arzneilichen Ursprungs können ebenfalls ermittelt und festgehalten werden. Ich selbst befasse mich inzwischen kaum noch mit ihnen, denn ich habe festgestellt, daß eine Behandlung der Chakren diese Toxine ebenfalls unschädlich macht, ohne daß sie im einzelnen bestimmt werden müssen. Das Vorhandensein und die Intensität der Miasmen und Toxine sollten im Analyseformular verzeichnet werden.

Als nächstes untersuchen wir, in welchem Zustand der Ätherleib als Ganzes sich befindet. Hierbei sind drei Faktoren von Bedeutung:

1. eine Stauung im Ätherleib
2. eine Überstimulierung des Ätherleibs
3. ein Mangel an Koordination
   a) zwischen dem physischen und dem ätherischen Körper
   b) zwischen dem Ätherkörper und dem Astralleib.

Wird das Vorhandensein eines dieser Zustände festgestellt, so wird der Grad seiner Intensität gemessen und ebenfalls notiert.

Dieser Schritt schließt die Untersuchung des Ätherkörpers und seiner Chakren ab. Die Behandlung wird aufgrund der hierbei erhaltenen Informationen festgelegt, ohne daß man etwaige Störungen des Astralleibes mit untersucht.

Das bedeutet nicht, daß Störungen der astralen Ebene ignoriert werden können; dies ist unmöglich aufgrund der einfachen Tatsache, daß diese Störungen die Ursache vieler Krankheiten sind, mit denen wir heute konfrontiert werden.

Wenn wir jedoch die Auswirkung einer Behandlung der Chakren im Ätherleib betrachten, stellen wir einen interessanten Sachverhalt fest: Indem man Blockaden in den Chakren auflöst und für ein harmonisches Funktionieren der Kraftzentren sorgt, kommt es zu einem Energiefluß in zwei Richtungen. Zunächst fließen die Energien ungehindert in den Ätherkörper und normalisieren auf diese Weise die endokrinen Funktionen. Dies wiederum hat eine ausgleichende Wirkung in die andere Richtung zur Folge, so daß dadurch auch der Astralleib harmonisiert wird. Wir erinnern uns: Die Chakren und endokrinen Drüsen (die Entsprechungen der Kraftzentren auf physischer Ebene) bestimmen nicht nur die äußere Erscheinung eines Menschen, sondern auch seine Persönlichkeitsmerkmale. Eine Behandlung, die auf sie abzielt, wirkt also auf physische und psychische Faktoren zugleich.

Eine Behandlung, die sich nur auf die Miasmen und Toxine im Ätherleib beschränkt, zeigt einen sehr einseitigen Ansatz. Ich spreche hier aus Erfahrung mit diesen Techniken. Patienten, die auf diese Weise behandelt werden, stellen häufig fest, daß sich ihr Gesundheitszustand nur geringfügig verbessert, auch wenn bestimmte Miasmen beseitigt worden sind. Der Grund ist einfach der, daß die Chakren, welche den ätherisch-physischen Körper mit Energie versorgen, gestört sind und der Patient daher an Gesundheitsstörungen leiden wird, bis diese Kraftzentren harmonisiert sind.

Ein schlagendes Beispiel hierfür ist die Behandlung einer gestörten Drüsenfunktion. Ein Mangel kann hier mit oralen Gaben der entsprechenden Drüsenextrakte ausgeglichen und die Gesundheit auf diese Weise wiederhergestellt werden. Bricht man die orale Gabe ab, kann der Patient krank werden und in schweren Fällen sogar sterben. Solange jedoch das mit der endokrinen Drüse verbundene Chakra nicht im Gleichgewicht ist, wird auch die Drüse nicht richtig funktionieren. Dr. J. Samuels behandelte die endokrinen Drüsen mit Kurzwellen, was sich als erfolgreicher erwies als die orale Einnahme von Drüsenextrakten. Auch hier jedoch ist das Pferd von hinten aufgezäumt: Die endokrinen Drüsen funktionieren nur so gut wie das Chakra, dem sie zugeordnet sind. Eine Therapie, die die Harmonisierung der Chakren zum Ziel hat, wird demnach auf lange Sicht sinnvoller sein.

Wenn nach ein- oder zweimonatiger Behandlung der Chakren des Ätherleibs der Genesungsprozeß sich verlangsamt oder auch nicht so gut verlaufen ist wie erwartet, ist der Zeitpunkt gekommen, den Astralleib und seine Chakren zu untersuchen. Die Vorgehensweise ist genau die gleiche, wie oben beschrieben: Jedes Chakra wird analysiert, und anschließend wird der Astralleib auf Faktoren wie Ängste, Depressionen und so fort untersucht, die gegebenenfalls nach Art und Intensität schriftlich festgehalten werden.

Der Astralleib wird ebenfalls daraufhin untersucht, ob eine Stauung, eine Überstimulierung oder ein Mangel an Koordination mit dem Ätherleib oder Mentalkörper vorliegen. Die Überstimulierung ist eine häufige Krankheitsursache.

Nach meinen Erfahrungen war es nie nötig, den Mentalkörper zu analysieren. Die meisten Erkrankungen haben ihren Ursprung in der emotionalen oder ätherischen Ebene, auf die wir uns daher konzentrieren sollten.

Auf Seite 81 sehen Sie die Abbildung eines Analyseformulars mit der Analyse der Chakren und des Ätherleibs des Patienten.

Die genaue Diagnose der Chakren ist von ausschlaggebender Bedeutung für den Erfolg der Behandlung. Noch wichtiger ist aber die Fähigkeit des Therapeuten, den Befund richtig zu deuten. Der Schlüssel zu einer korrekten Interpretation der Informationen, die die Diagnose der Chakren und der feinstofflichen Körper ergeben hat, liegt in einer genauen Kenntnis der Chakren und ihrer Beziehung zu den Organsystemen des Körpers.

Diese Fähigkeit zur richtigen Deutung macht erst den kompetenten Therapeuten aus. Glücklicherweise kann man sich diese Gabe nicht anlesen, es ist eine Fähigkeit, die man sich durch Erfahrung, harte Arbeit und Intuition erwirbt. Aus diesem Grund ist das, was ich hier schreibe, vor Mißbrauch geschützt. Der Dilettant wird bald aufgeben, und der ernsthaft Interessierte wird seinen Weg weiter verfolgen und auf dem hier Geschriebenen aufbauen können. Das vorliegende Buch deutet die Tiefe des Gegenstandes nur an, dessen Implikationen sich dem Praktiker nur durch zunehmende Kenntnis und Bewußtwerdung erschließen.

Wenden wir uns wieder unserem Fallbeispiel zu. Der Patient ist 35 Jahre alt und hat eine Vorgeschichte von Nebenhöhlenerkrankungen und geringer Vitalität, begleitet von Verdauungsstörungen, insbesondere Magenproblemen. Als erstes stellen wir fest, daß sein Milz-Chakra eine Unterfunktion aufweist, was zum Teil seine mangelnde Vitalität erklärt. Ein Vitalitätsindex von 55 ist für einen Mann seines Alters zu niedrig.

Drei Hauptchakren zeigen eine Störung. Das Stirn-Chakra ist unteraktiv, und das wirkt sich auf die Nebenhöhlen aus, da diese ihm zugeordnet sind. Da das Chakra nicht nur unteraktiv, sondern auch blockiert ist, führt dies dazu, daß der Patient Schwierigkeiten hat, seine Persönlichkeit zum Ausdruck zu bringen. Das kann unbewußt zu Selbstmitleid führen, das oft in Zusammenhang mit Nebenhöhlenerkrankungen und Katarrhen auftritt.

Die Blockade am Austrittspunkt des Stirn-Chakras wird zwangsläufig eine Drüsenstörung hervorrufen: Die Hypophyse wird nicht regelmäßig arbeiten. Die Hirnanhangsdrüse regelt unter anderem die Funktion der Bauchspeicheldrüse, so daß wir hier die Verbindung zwischen den Magenproblemen und dem Ajna Chakra haben.

Das Kehl-Chakra weist eine Überfunktion auf, daher wird sich die

Analyseformular für eine Therapie der Energiezentren

Name *Hans Müller*		Alter *35*		Datum *7.5.70*
Adresse *Einsteinstraße 27*		Tel.		
Frühere Krankheiten *vermutetes Magengeschwür, Katarrh*				
Gegenwärtige Symptome *Schwächezustand, Nebenhöhlenentzündung*				
Vitalitätsindex *55.*		Milzchakra *23.-0.*		
CHAKREN	+–N	BLOCKADEN	ASTRAL	MENTAL
Scheitel	*N*			
Stirn	*57. –*	*.0*		
Kehl	*40. +*			
Herz	*10. –*			
Solarplexus	*N*			
Kreuzbein	*N*			
Basis	*N*			

MIASMEN – TOXINE – KÖRPERLICHE ANOMALIEN
syphilitisches Miasma

	ÄTHERISCH	ASTRAL	MENTAL
STAUUNG			
ÜBERSTIMULIERUNG	✔		
KOORDIN. MANGEL			

BEMERKUNGEN

Schilddrüse in einem ähnlichen Zustand befinden. Der Patient verbrennt ein Übermaß an Energie, und trotzdem ist die Versorgung nicht annähernd ausreichend, da das Milz-Chakra eine Unterfunktion aufweist. Daraus folgt, daß das Milz-Chakra direkt behandelt werden muß, um die Funktion anzuregen.

Das Herz-Chakra ist leicht unteraktiv. Dies kann auf Kreislaufprobleme und eine Funktionsstörung des Vagusnervs hinweisen, ein wichtiger Sachverhalt, wenn man die grundlegende Bedeutung dieses Nervs für die Körperfunktionen bedenkt.

Der Ätherleib weist ein syphilitisches Miasma auf. Dieses Miasma wirkt sich auf den Hals aus (und steht auf diese Weise mit der Störung des Kehl-Chakras im Zusammenhang); ferner auf die Augen (was wiederum das Stirn-Chakra und die Nebenhöhlenstörung berührt) und schließlich auf das Gehirn im Zusammenhang mit dem Vagusnerv.

Im Ätherleib läßt sich eine Überstimulierung feststellen: Die Energie zirkuliert zu rasch und wird wieder abgegeben, bevor sie absorbiert und genutzt werden kann – ein weiterer Faktor, der den Schwächezustand des Patienten beeinflußt. Normalerweise ist ein Miasma verantwortlich für diesen Zustand des Ätherleibs. Wir erinnern uns: Ein Miasma kann den Energiekreislauf beschleunigen oder verlangsamen.

Dies ist in knapper Form die Interpretation der vorangegangenen Analyse des Zustands der Chakren und des Ätherleibs des Patienten in Relation zu seinem körperlichen Gesundheitszustand. Die Analyse ist einfach und schnell. Sie zielt direkt auf das Wesentliche und berücksichtigt die wichtigsten Faktoren, ohne sich in endlosen Einzelheiten in bezug auf die Organsysteme zu verlieren. Auf der Grundlage dieser Analyse kann schnell ein wirkungsvolles Behandlungsprogramm festgelegt werden. Im nächsten Kapitel werde ich diesen Fall als praktisches Beispiel für ein Therapieprogramm heranziehen.

8

Die Chakren- oder Energiezentren-Therapie

Den Schlüssel zur Heilung von so schrecklichen Leiden wie Tuberkulose, Krebs, Wahnsinn und Epilepsie erhält man, indem man das gestörte Chakra ermittelt und mit der geeigneten kosmischen Strahlung behandelt.

Dr. B. Bhattacharya: *Magnet Dowsing*

Alle Methoden der Heilkunst haben ungeachtet ihres Ursprungs ein einziges, gemeinsames Ziel: die Wiederherstellung der Harmonie und des Gleichgewichts innerhalb des komplexen Gefüges aus Energien und Materie, welche sich zur fein- und grobstofflichen Anatomie des Menschen verbinden.

Der Chakren- oder Energiezentren-Therapeut unterscheidet sich vom orthodoxen Radionik-Therapeuten insofern, als er bei seiner Diagnose und Therapie von den feinstofflichen Energiesystemen des Menschen ausgeht. Die physischen Organsysteme sind für ihn von untergeordneter Bedeutung, da sie lediglich auf den Grad der Harmonie der paraphysischen Ebenen reagieren und diesen widerspiegeln. Ich wiederhole: Wenn die Chakren nicht in einer ausgewogenen und harmonischen Weise funktionieren, kann es auf der physischen Ebene niemals das geben, was wir als Gesundheit bezeichnen. Von dieser Prämisse ausgehend, konzentriert sich der Therapeut auf die Behandlung besonders jener Chakren, die einen Zustand des Ungleichgewichts zeigen. Indem er die Funktion der Chakren normalisiert und Blockaden beseitigt, ermöglicht er den freien Fluß der Energien, die durch das niedere Selbst nach Ausdruck suchen, und stellt auf diese Weise die Gesundheit wieder her.

Das wichtigste Heilmittel in der Radionik-Therapie ist die Farbe. Sie wird mittels eines filmartigen (cinemoiden) Materials zugeführt, das auf Farbfiltern in Diarähmchen montiert ist, die in den Farbfilter-Schlitz des Mark III Instruments passen. Das farbige Licht wird über die Resonatoren auf die Probe des Patienten geleitet, die sich in der Mitte der entsprechenden Kammer im Instrument befindet. Farben haben sich als die wirksamsten Heilmittel in dieser Form von Radionik-Therapie erwiesen. Homöopathische Mittel in Glasampullen und radionische Heilfrequenzen werden in weit geringerem Umfang eingesetzt. Farben haben einen Bezug zum vierten Äther, der Ebene, auf der die meisten Krankheitsmuster ätherischer Natur lokalisiert sind; das mag der Grund für ihre hohe Wirksamkeit sein.

Um die Vorgehensweise bei der Behandlung festzulegen, stellen wir uns folgende Fragen:

1. Welche der Chakren, die ein Ungleichgewicht aufweisen, benötigen eine Behandlung?
2. In welcher Reihenfolge sollten sie behandelt werden?
3. Welche Farben sind erforderlich, um die einzelnen Chakren zu normalisieren?
4. Zu welcher Drüse oder zu welchem Organ sollte die Farbe gelenkt werden?

Auf unseren hypothetischen Fall angewendet, ergibt sich aus den Antworten auf diese Fragen folgendes Behandlungsprogramm:

Violett ——> Milz-Chakra ——> Ätherleib
Orange ——> Herz-Chakra ——> Vagusnerv
Blau ——> Stirn-Chakra ——> Nase

Es gibt keinen Hinweis darauf, daß das Kehl-Chakra eine Behandlung benötigt; die Normalisierung des Stirn-Chakras kann in der Tat den Zustand des Kehl-Chakras im Verlauf der Behandlung direkt beeinflussen.

Als nächstes wenden wir uns dem syphilitischen Miasma zu. Wir stellen die Frage, welche Farbe zur Auflösung des Miasmas eingesetzt werden muß. Steht die Farbe, zum Beispiel Grün, einmal fest, muß der Therapeut entscheiden, welcher Drüse oder welchem Organ die wohltätige Wirkung der heilenden Energien der Farbe Grün zuteil werden soll. Da alle Miasmen über das Basis- oder Wurzel-Chakra behandelt werden, sind das die Nebennieren, die Nieren oder die Wirbelsäule. Am häufigsten fällt die Wahl auf die Nieren; das ist vielleicht naheliegend, da es sich um ein Ausscheidungsorgan handelt. In unserem Fall würde das Behandlungsschema wie folgt aussehen:

Grün ——> Basis- oder Wurzel-Chakra ——> Nieren

Folgendes kann als Regel gelten: Wenn eine Funktionsstörung des Basis-Chakras eine Behandlung erforderlich macht, ist es nicht notwendig, eine bestimmte Farbe zur Beseitigung etwaiger Miasmen zu bestimmen. Die Erfahrung zeigt, daß Miasmen durch jede Farbe aufgelöst werden, die in das Basis-Chakra geleitet wird. Falls jedoch das Basis-Chakra nicht behandelt werden muß, ist es notwendig, eine Farbe zur Therapie des Miasmas zu bestimmen, das über dieses Chakra behandelt wird.

Bei Beginn der Behandlung wird der individuelle Kennwert des Patienten aus dem äußeren Kreis der Skalenscheiben entfernt. Zur Behandlung des Milz-Chakras zur Steigerung der Vitalität des Patienten wird dann das Diapositiv mit der Farbe Violett in den Farbenschlitz geschoben. Als nächstes legt der Therapeut seinen linken Zeigefinger auf diejenige Skalenscheibe des inneren Scheibenkreises, die ihm am nächsten ist, und stellt die Frage, ob der Kennwert an dieser Scheibe beginnen soll. Diese Prozedur wird an dem Kreis im Uhrzeigersinn so lange wiederholt, bis das Pendel einen positiven Ausschlag anzeigt. Das bedeutet, daß der Kennwert für das Milz-Chakra an dieser Skalenscheibe beginnt, und der entsprechende Zahlenwert, eine achtstellige Ziffer, wird dann auf dem Instrument eingestellt. Dasselbe Verfahren wird auf den äußeren Kreis der Skalenscheiben angewendet, um den Ausgangspunkt für den Kennwert des Ätherleibes zu ermitteln, an den die Energie geleitet werden soll.

Dieses Verfahren zur Bestimmung der korrekten Kreisposition der Kennwerte ist eine Besonderheit dieses Instrumententyps und hat sich im Vergleich zu den konventionellen Instrumenten mit ihrer linearen Ausrichtung der Skalenscheiben eindeutig bewährt. Im herkömmlichen Verfahren wird die Probe des Patienten in die korrekte Kreisposition gebracht, während dies in der Chakren-Therapie im Gegensatz dazu mit beiden Kennwerten (in diesem Fall denjenigen des Milz-Chakras und des Ätherleibes) geschieht. Ihre eigene korrekte Kreisposition steht dabei nicht nur in bezug zur Probe des Patienten, sondern auch zu den Energien, die aus der hypothetischen unendlichen Peripherie des Alls einströmen.

Vielleicht wundern sich manche, daß der Kennwert für das Milz-Chakra sich im inneren Kreis befindet und die Werte für die Drüse, das Organ oder den entsprechenden Körper im äußeren. Der Grund ist folgender: Die ätherischen Bildekräfte strömen einwärts, bis sie einen zentralen Punkt erreicht haben, und kehren dann wieder in die unendliche Peripherie des Weltraums zurück, wodurch ein rhythmischer Energiefluß gegeben ist. In der ätherischen Geometrie geht man davon aus, daß jeder Punkt im Raum sich im Mittelpunkt des Universums befindet und daß unaufhörlich Energien zu diesem Punkt und von ihm weg fließen.

In unserem Fall ist die Mitte der Vertiefung oder Kammer, die die Probe des Patienten birgt, jener Mittelpunkt, zu dem die Energien fließen und von wo aus sie zum Patienten selbst geleitet werden. Aus diesem Grund wird der Kennwert des Chakras im inneren Kreis eingestellt, denn logischerweise empfängt es als erstes die Energie, die von dem zentralen Punkt zurück in die unendliche Peripherie strömt. Der Energiefluß während der Behandlung wirkt zuerst auf das Chakra und dann auf die zugeordnete Drüse oder den entsprechenden Körperbereich, daher befinden sich deren Kennwerte auf dem äußeren Kreis. Indem man das Instrument auf diese Weise einstellt, wird die korrekte Abfolge des Heilungsvorgangs symbolisch auf dem Gerät dargestellt.

Nachdem das Instrument wie beschrieben eingestellt wurde, werden die Netz-, Licht- und Tonschalter eingeschaltet und damit das Gerät in Gang gesetzt. Als nächster Schritt wird die Lichtintensität festgelegt. Dies geschieht, indem man so lange am Lichtstärkeregler dreht, bis das Pendel eine positive Antwort gibt. Wie es scheint, hat die Lichtstärke einen direkten Einfluß auf die Dauer der Behandlung, und je höher die Lichtintensität ist, desto kürzer ist die Therapiedauer. Dr. Iredell vom St. Guy's Hospital in London behandelte Krebskranke im Endstadium mit Farbe und stellte fest, daß die Regulierung der Lichtintensität einen sehr wichtigen Faktor der

Therapie darstellte. Zudem erwies sich, daß die Patienten viel besser darauf ansprachen, wenn sie die Behandlung in einer kreisförmigen, mit schwarzem Stoff ausgeschlagenen Kabine erhielten. Die Patienten beklagten sich darüber, daß die Wirkung der Behandlung nicht so groß sei, wenn die Form der Kabine – ohne deren Wissen – verändert wurde.

Die Dauer der Behandlung hängt zweifellos von zahlreichen Faktoren ab und muß jedes Mal durch die Befragung des Pendels neu festgelegt werden. Es gibt so viele Variablen, daß der Therapeut nicht überrascht sein sollte, falls an einem Tag eine zweiminütige Anwendung angebracht erscheint, während an einem anderen eine Viertelstunde nötig ist. Es ist besser, die Behandlungsdauer individuell auf die Bedürfnisse des Patienten einzustellen, als stets eine festgelegte Zeitspanne bei jeder Sitzung einzuhalten.

Die gleiche Flexibilität sollte bei der Farbwahl herrschen. Es gibt keine unumstößlichen Regeln, nach denen bestimmte Chakren mit bestimmten Farben behandelt werden müßten. Jeder Mensch besitzt einen ganz spezifischen physischen und ätherischen Körper. Die Chakren schwingen mit unterschiedlichen Geschwindigkeiten, und auch die Krankheitsmuster sind individuell verschieden. Aus diesen Gründen wird für jeden Patienten die Farbwahl anders aussehen. Der eine wird Grün zur Auflösung der Blockade eines Chakras benötigen, während für einen anderen Patienten, der scheinbar an der gleichen Störung leidet, Violett oder Gelb angebracht ist.

Selbstverständlich gibt es einige allgemeine Eigenschaften, die man bestimmten Farben zuschreiben kann. So haben Blau und Grün eine beruhigende Wirkung und erweisen sich als sehr wirksam bei der Behandlung von akuten Störungen. Blau wirkt üblicherweise ausgezeichnet bei Schmerzen im unteren Rücken, wenn die Farbe über das Basis- oder Wurzel-Chakra zur Wirbelsäule geleitet wird. Die Farbe Grün lindert Kopfschmerzen, wenn ihre Energie in das Ajna oder Stirn-Chakra und das Nervensystem strömt. Grün wird sehr häufig zur Behandlung des Stirn-Chakras eingesetzt; in Indien benutzt man in der Edelsteintherapie Smaragd-Arzneien, um Störungen zu behandeln, die mit dem Stirn-Chakra in Zusammenhang stehen. Blau scheint eine Affinität zum Kehl-Chakra zu besitzen und ist bei Krankheiten wie Asthma, Halsentzündungen und Bronchialleiden von sehr großem Nutzen.

Rot- und Orangetöne dagegen haben eine stimulierende Wirkung und können über das Herz-Chakra zur Erhöhung der Vitalität und zur Anregung des Kreislaufs eingesetzt werden. Krampfadern können ebenfalls damit behandelt werden. Auch Gelb ist ein ausgezeichnetes Stimulans, insbesondere für das Nervensystem.

Violett wird häufig bei Infektionen gebraucht, da es den Ätherleib kräftigt und die Schwingungskraft der eindringenden Bakterien oder Viren abwehren hilft. Um die Wirkung des Violett zu verstärken, kann man die Behandlung durch eine Ampulle mit potenziertem Onyx ergänzen. Onyx wird als Träger der Frequenz von Ultraviolett angesehen, dem bakterizide Eigenschaften zugeschrieben werden.

Der Reihe nach wird jeder einzelne Faktor einer speziellen Behandlung unterzogen, wenn dies erforderlich ist. Man kann sich eine Karteikarte mit den Chakren und Organsystemen anlegen, die behandelt werden müssen. Es ist empfehlenswert, sich diese Karte während der Therapie neben das Instrument zu legen, nicht nur wegen des Überblicks, sondern auch zur Identifizierung der Herkunft des Blutstropfens. In einer lebhaften Praxis kann es leicht vorkommen, daß eine Blutprobe abgelegt wird und man nicht mehr weiß, von wem sie stammt. Normalerweise wird diese Probe in einem Zellophanbehälter aufbewahrt, aber für die Behandlung wird sie daraus entnommen und in die entsprechende Kammer des Instruments gelegt. Daher ist es am besten, die Probe immer nur zusammen mit der Behandlungskarte zu verwenden und aufzubewahren.

Den folgenden Überblick über die Wirkung einzelner Farben auf die Chakren, feinstofflichen Körper und Miasmen habe ich hier eingefügt, um den Therapeuten mit einigen allgemeinen Informationen zum Thema zu versorgen. Man muß sich jedoch vergegenwärtigen, daß es hierbei keine feststehenden, unumstößlichen Regeln gibt. Die Farben zur Behandlung der einzelnen Chakren und Krankheitszustände können manchmal variieren, doch in meiner Aufzählung finden sich diejenigen Farben, die in der Praxis am häufigsten gebraucht werden.

Das Kronen- oder Scheitel-Chakra wird von den Farben Orange, Grün, Blau und Indigo stimuliert. Von beruhigender Wirkung sind Rot, Gelb und Violett. Blockaden in diesem Chakra lösen sich am besten durch die Farben Indigo und Violett.

Das Ajna oder Stirn-Chakra wird durch Rot, Orange, Blau und Violett angeregt und durch Gelb, Grün und Indigo beruhigt. Die Farbe Grün ist hier die geeignetste zur Auflösung von Blockaden.

Rot wirkt anregend auf das Kehl-Chakra, während dieses durch die Farben Orange, Gelb, Grün, Blau, Indigo und Violett eine Beruhigung erfährt. Am besten eignen sich Blau und Violett gegen Blockierungen.

Das Herz-Chakra wird durch Rot, Orange, Indigo sowie Violett stimuliert. Eine beruhigende Wirkung erhält man mit Gelb, Grün und Blau. Blockierungen in diesem Chakra lösen sich durch die Farben Rot und Indigo.

Die Farben Rot, Orange, Gelb, Grün und Violett stimulieren das Solarplexus-Chakra, während Blau und Indigo beruhigen. Orange, Gelb und Blau lösen Blockierungen auf.

Das Kreuzbein-Chakra wird durch Rot angeregt. Orange, Gelb, Grün, Blau, Indigo und Violett üben eine beruhigende Wirkung aus. Zur Auflösung von Blockaden empfehlen sich Blau oder Violett.

Grün, Indigo und Violett wirken anregend auf das Basis- oder Wurzel-Chakra. Beruhigend sind Rot, Orange, Gelb und Blau. Grün ist die Farbe der Wahl zur Auflösung von Blockaden in diesem Chakra.

Das Milz-Chakra, welches alle anderen Haupt-Chakren mit pranischer Energie versorgt, wird durch Rot, Orange, Gelb , Grün und Violett stimuliert. Blau und Indigo wirken beruhigend. Blockierungen des Milz-Chakras lassen sich durch die Farben Gelb, Indigo und Violett auflösen.

Der Therapeut wird im Ätherleib häufig auf Miasmen stoßen, die sich normalerweise auf der Ebene des vierten Äthers befinden. Da Farben eine Wirkung auf diesen Äther ausüben, lösen sich die Miasmen rasch auf, wenn sie über das Basis-Chakra mit Farbfrequenzen behandelt werden. Folgende Farben sind geeignet, die drei Haupt-Miasmen aufzulösen:

- Das syphilitische Miasma löst sich durch die Anwendung der Farben Gelb, Grün, Blau oder Indigo auf.
- Das Tuberkulose-Miasma sollte mit Gelb oder Grün behandelt werden.
- Das Krebs-Miasma reagiert auf Rot, Grün, Blau, Indigo sowie Violett.

Die Beseitigung von Störungen im Ätherleib kann ebenfalls verschiedene Farben erfordern. Bei einer Stauung sind Grün, Blau, Indigo und Violett angebracht. Bei einer Überstimulierung ist die Farbe Grün zur Beruhigung angebracht. Im Falle eines Mangels an Koordination zwischen dem physischen und ätherischen Körper, wie beispielsweise im Falle von Petit mal (kleiner epileptischer Anfall) und anderer vergleichbarer Leiden, ist Grün die Farbe der Wahl.

Häufig stellt man auch Störungen im Bereich des Astralleibs fest, deshalb ist es nützlich, die dafür am besten geeigneten Farben zu kennen. Blau wird bei einer Stauung im Astralleib empfohlen. Eine Überstimulierung verlangt nach den Farben Grün oder Blau, während man den Mangel an Koordination zwischen dem Astral- und dem Ätherleib am besten mit Grün behandelt.

Alle Störungen des Mentalkörpers sprechen am besten auf Indigo an.

Gehirnhautentzündung, bestimmte Gehirntumore und manche Formen von Geisteskrankheit werden über das Kronen- oder Scheitel-Chakra behandelt. In diesen Fällen werden die beruhigenden Farben eingesetzt, um die Aktivität des Scheitel-Chakras zu harmonisieren, das bei solchen Zuständen in der Regel überaktiv ist.

Alle Erkrankungen der Hypophyse (Hirnanhangsdrüse) werden über das Ajna oder Stirn-Chakra behandelt. Nervenentzündungen (Neuritis), Migränekopfschmerzen, gewöhnliches Kopfweh, Augenleiden und Störungen des Gehörs sprechen auf eine Behandlung des Ajna Chakras ebenso an wie Heuschnupfen, Nebenhöhlenentzündungen und Katarrhe. Zahlreiche Störungen des Nervensystems lassen sich über dieses Chakra behandeln, da ihm das Stammhirn zugeordnet ist. Migränen werden in der Regel durch ein Ungleichgewicht zwischen den Kraftfeldern der Zirbeldrüse und der Hypophyse hervorgerufen. Untersuchen Sie deshalb beide Kopf-Chakren, wenn Sie dieses Leiden bekämpfen.

Herzleiden, bestimmte Störungen des Nervensystems und des Vagusnervs sowie Kreislauferkrankungen sollten alle über das Herz-Chakra behandelt werden.

Krankheiten, die in Zusammenhang mit einer Störung der Schilddrüse stehen, sollten über das Kehl-Chakra behandelt werden. Erkrankungen des Atemtrakts wie zum Beispiel Asthma oder Tuberkulose, Bronchitis und Lungenerweiterung (Emphysem) werden alle über das Kehl-Chakra behandelt.

Es kommt gelegentlich vor, daß der Therapeut einen Patienten betreut, dessen Lebenswille sehr schwach ist und dem es gleich ist, ob er am Leben bleibt oder stirbt. In diesen Fällen gibt es eine bestimmte Vorgehensweise, der man folgen sollte. Der Lebenswille drückt sich durch zwei Chakren aus, nämlich durch das Kronen- und das Basis-Chakra. Dem Kronen-Chakra ist der spirituelle, geistige Wille zu leben zugeordnet, während das Basis-Chakra mit dem Verlangen des physischen Körpers in Zusammenhang steht, sich selbst zu erhalten. Wenn diese Energien als ein „Beharren in der Form" zum Ausdruck kommen, wirken sie durch zwei Kraftdreiecke. Der spirituelle Lebenswille bedient sich des Stirn-Chakras sowie des Scheitelzentrums und des Kehl-Chakras.

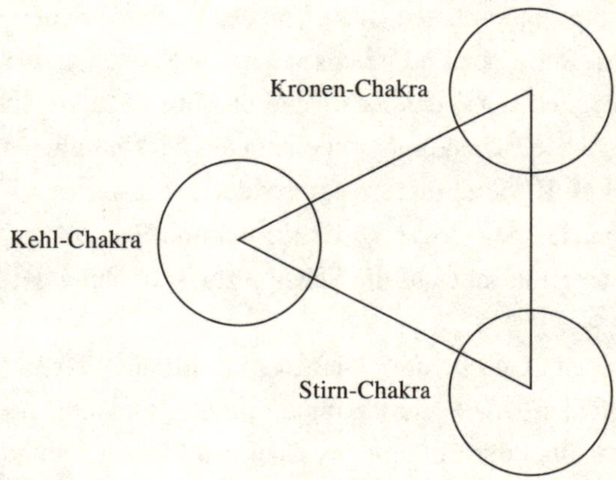

Der Ausdruck des Lebenswillens auf der niederen Ebene, der sich auf den Erhalt der physischen Gestalt bezieht, wirkt durch das folgende Kräftedreieck

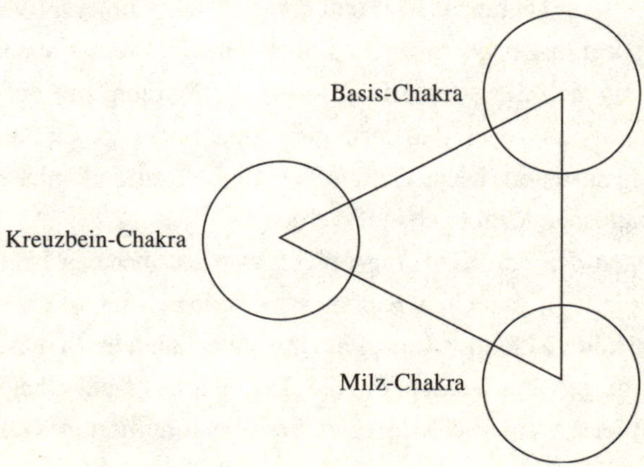

Der Therapeut muß als erstes entscheiden, welches der beiden Kraftdreiecke behandelt werden muß, um den Willen des Patienten zu stärken, in seinem physischen Körper zu verbleiben. Möglicherweise muß er beide Dreiecke behandeln, manchmal genügt aber auch eines. Falls beide in Frage kommen, muß der Therapeut über die Reihenfolge der Anwendungen entscheiden.

Nachdem diese Entscheidung getroffen wurde, wird die entsprechende Farbe gewählt und durch die Bachblüten Larch (Lärche) und Sweet Chestnut (Eßkastanie) ergänzt. Bei der Behandlung des unteren Dreiecks beginnt man mit dem Basis-Chakra, gefolgt von dem Kreuzbein-Chakra und schließlich dem Milz-Chakra. Man hält diese Reihenfolge stets ein und gibt die Kennwerte für die zugeordneten Drüsen an dem äußeren Scheibenkreis des Instruments ein. Beim oberen Dreieck ist es das Kronen-Chakra, welches als erstes behandelt wird, das Kehl- und das Stirn-Chakra schließen sich an. Wenn man diese Behandlung mit einem der herkömmlichen Geräte und nicht mit Mark III durchführt, folgt auf den Kennwert des Chakras derjenige der entsprechenden Drüse. Die Farbfilter und Bachblüten werden dann in der Nähe der Blutprobe auf die Scheibe zur Aufnahme der Proben gelegt.

Nervöse Störungen, Geschwüre, Diabetes, bestimmte Krebsformen, Gallen- und Leberleiden sowie Verdauungsstörungen sprechen am besten auf eine Behandlung über das Solarplexus-Chakra an. Auch Hautausschläge werden häufig so behandelt. Bei den meisten Menschen ist der Solarplexus in der Regel überaktiv und sollte daher mit der geeigneten Farbe beruhigt werden. Stellt der Therapeut fest, daß dieses Chakra unteraktiv ist, empfiehlt es sich, sorgfältig nach Anzeichen für Krebs oder sein Vorstadium zu suchen. Wenn sich diese Unterfunktion in Verbindung mit einem Krebs-Miasma zeigt, ist es sicher, daß der Patient früher oder später auf eine Krebserkrankung zusteuert. Diese Gefahr kann durch Radionik oder das geeignete homöopathische Mittel gebannt werden.

Alle Erkrankungen der Fortpflanzungsorgane werden über das Kreuzbein-Chakra therapiert. In manchen Fällen ist es jedoch sinnvoller, das Kehl-Chakra, seine höhere kreative Entsprechung, zu behandeln. In diesem Fall sollte eine Farbe gewählt werden, die die Aktivität des Kehl-Chakras anregt. Auf diese Weise werden die Energien des überstimulierten Kreuzbein-Chakras nach oben in das Kehl-Chakra geleitet, und dadurch normalisiert sich die Funktion des Kreuzbein-Chakras.

Auf den Streß und die Belastungen der modernen Lebensweise ist es zurückzuführen, wenn Rückenleiden und sogenannte Bandscheibenbeschwerden in alarmierender Weise zunehmen. Zwar werden emotionale Belastungen nicht ohne weiteres mit Rückenschmerzen in Verbindung gebracht, doch gibt es hier einen direkten Zusammenhang. Bei Streßzuständen schüttet die Nebenniere, welche dem Basis-Chakra zugeordnet ist, das Hormon Adrenalin in den Blutkreislauf aus, um mit den (eingebildeten oder tatsächlichen) Problemen fertig zu werden. Adrenalin wiederum enthält bestimmte Substanzen, welche die normale Versorgung der Bändergewebe beeinträchtigen. Vor allem die Bänder des unteren Rückens wie die der Lendenwirbel und des Kreuzbeins werden überdehnt, insbesondere, wenn sie schon in der Vergangenheit geschädigt waren. Durch diese Überdehnung werden die sensorischen Nervenfasern, die in den Bändern eingebettet sind, gezerrt, was Schmerzen zur Folge hat. Die Muskeln verkrampfen sich, um den betroffenen Bereich zu stabilisieren und die Bänder zu entlasten. Dieser Zustand wird häufig als Bandscheibenbeschwerden, Hexenschuß oder auch als Ischias bezeichnet, da die Nerven normalerweise den Schmerz auf einer ihrer Bahnen in die Beine leiten.

Alle Erkrankungen der Wirbelsäule sowie streßbedingte Störungen sollten also über das Basis-Chakra behandelt werden. Auch Nierenleiden haben einen Bezug zu diesem Kraftzentrum. Es kann gar nicht genug betont werden, wie wichtig die Behandlung dieses Chakras bei einer Vielzahl von Fällen ist. Ruth Drown legte bei jeder Störung großen Wert auf die Therapie der Nebennieren. Wie bereits erwähnt, werden *alle* Miasmen über das Basis-Chakra behandelt.

Rückenschmerzen im Bereich der Halswirbel und des oberen Rückgrats sprechen möglicherweise besser auf eine Behandlung über das Alta-Major-Chakra an. Diesem Energiezentrum, das sich genau am unteren Teil des Hinterkopfs befindet, untersteht die Wirbelsäule. Auf der physischen Ebene entspricht ihm die Karotisdrüse. Dieses Kraftzentrum steht in einer direkten Beziehung zu dem Stirn-, Basis- sowie dem Herz-Chakra und reguliert die Gewebeflüssigkeit und den Blutdruck.

Die Behandlung der Chakren durch Radionik ist nichts anderes als eine

Weiterführung der Arbeit von Abrams und Ruth Drown; beide Radionik-Pioniere behandelten das endokrine System, um ihre Therapiemethode zu vervollkommnen. Abrams klopfte, wie bereits erwähnt, die Dornfortsätze des siebten Halswirbels und des zweiten Rückenwirbels ab, um die Milz zu erweitern und auf diese Weise eine intensivere Aufnahme von Lebensenergie zu erreichen. Ruth Drown betonte, daß die Endokrinologie (Lehre von der Funktion der endokrinen Drüsen) die eigentliche Grundlage der Radionik-Diagnose und -Therapie sei und die endokrinen Drüsen für das geistige und körperliche Wohl des Menschen verantwortlich seien.

Diese Ansicht basiert auf Fakten und ist sicherlich zutreffend. Das endokrine System bestimmt unsere körperliche Erscheinung und unsere emotionalen und geistigen Eigenschaften. Der Energie- oder Kraftzentren-Therapeut führt lediglich die Erkenntnis einen Schritt weiter und konstatiert, daß es die Chakren sind, welche die Funktionsweise der Drüsen bestimmen. Daher ist es logisch, diese Energiezentren zu behandeln, um den physischen Körper des Menschen und die zugrundeliegenden Kraftfelder zu harmonisieren.

Ein sehr wichtiger Faktor muß bei der Behandlung der Chakren bedacht werden, und zwar der richtige Einsatz von Visualisierung und Gedankenkraft. Wir kennen das Axiom, daß Energie den Gedanken folgt. Die Praxis zeigt sehr eindeutig, daß durch unterstützende und lenkende Gedankenarbeit die Kraft der heilenden Energien wächst und die Behandlung besonders wirksam wird. Diese Heilkraft kann noch zusätzlich durch eine Visualisierung verstärkt werden: Man führt sich innerlich vor Augen, wie die heilenden Energien in das betreffende Chakra und weiter zur zugeordneten Drüse oder zum entsprechenden Organsystem fließen.

Auf diese Weise werden heilende Energie und ein Heilungsmuster der Krankheitsenergie entgegengesetzt mit dem Ziel, diese zu schwächen und aufzulösen. Heilung geschieht durch Einsatz von richtig und angemessen geleiteter Energie und einer genauen Visualisierung des Punktes, an dem diese Energie in das Kraftzentrensystem des Menschen eindringt. Nachdem die heilende Energie das Chakra verlassen hat, um im menschlichen Körper zu zirkulieren, beginnt sie ihr Werk: die Stimulierung jeder einzelnen Zelle und jedes Atoms mit dem Ziel, die Krankheit des Patienten zu heilen oder zu lindern.

9

Ätherisierte Heilmittel

Krankheiten und ihre Heilmittel sind nichts weiter als Namen und Formen, beide haben ihren Ursprung und ihr Ziel im kosmischen Licht.

B. Bhattacharya: *Septenate Mixtures in Homeopathy*

Farben sind zwar das Hauptheilmittel in der Chakren-Therapie bei der Behandlung von Krankheitsmustern in der feinstofflichen Anatomie des Menschen, doch kommt es manchmal vor, daß zusätzlich zur Unterstützung der Farbschwingung auf homöopathische Mittel zurückgegriffen wird.

Der Großteil der homöopathischen Mittel stammt aus natürlichen Quellen, etwa 600 Mittel sind in häufigem Gebrauch. Homöopathische Arzneien werden aus tierischen, pflanzlichen und mineralischen Substanzen gewonnen, aber auch aus Bakterien, Insekten, Reptilien, Schlangengiften und vom Menschen. Die Zubereitung der Mittel stellt eine Besonderheit dar, in deren Verlauf folgende Verfahren zur Anwendung kommen: die Potenzierung, Trituration (Pulverisierung) und die Verschüttelung. Auf diese Weise werden Arzneien hergestellt, die in ihren höheren Potenzierungen kein einziges identifizierbares Molekül ihrer ursprünglichen Substanz mehr aufweisen.

Diese Art der Arzneimittelherstellung setzt offensichtlich das frei, was George Adams die peripheren Kräfte der Substanz genannt hat, sie verstärkt ihren medizinischen Wert und setzt die heilende Kraft in der Substanz frei. Diese Befreiung der Energie von der Form oder, anders gesagt, diese Ätherisierung macht homöopathische Arzneien zu ausgezeichneten Mitteln, um die feinstofflichen Körper des Menschen zu behandeln und die Harmonie und das Gleichgewicht der Kräfte, die in ihnen wirken, wiederherzustellen.

Folgende drei Gruppen von Heilmitteln werden in der Radionik eingesetzt: die Bachblüten, die Mittel der Edelsteintherapie und die regulären homöopathischen Arzneien. Wenden wir uns zunächst den Bachblüten zu.

Edward Bach entwickelte zwischen den Jahren 1930 und 1936 ein Heilverfahren, das, mit einer einzigen Ausnahme, Gebrauch von Blüten macht, die von einheimischen Bäumen und Pflanzen stammen. Diese Blüten wurden zu bestimmten festgelegten Zeiten gepflückt und die Arzneien nach Vorschrift zubereitet, indem man sie in Schalen mit Wasser legte und ins Sonnenlicht stellte. Diese Lösungen wurden anschließend mit Alkohol konserviert.

Edward Bach lag wie jedem wahren Heiler die ganzheitliche Behandlung des Organismus am Herzen. Die Krankheiten der Patienten als solche interessierten ihn nicht so sehr wie die Stimmungen und Ängste, die sie zeigten. Bach spürte, daß eine Auflösung dieser Stimmungen und Ängste durch das darauffolgende Einströmen heilender Energien zu einer Genesung des Organismus führen würde. Vom esoterischen Standpunkt aus ist es leicht, die Richtigkeit dieser Schlußfolgerung anzuerkennen, vor allem, wenn sie von einem so sensitiven Mann wie Bach kommt, der imstande war, die Eigenschaften einer Blüte dadurch wahrzunehmen, daß er sie einfach auf seine Zunge legte. Dies erinnert an den großen deutschen Mystiker Jakob Böhme, der die gleiche Fähigkeit besaß, das innerste Wesen des Pflanzenreiches zu erfassen.

Die Bachblüten sind speziell auf die Beeinflussung der Emotionen und Bewußtseinszustände des Menschen ausgerichtet und wirken daher direkt auf den Astralleib sowie in manchen Fällen auf den Mentalkörper ein. Diese Wirkungsweise unterstützt naturgemäß auch die Heilung des Ätherkörpers.

Der Solarplexus ist an den meisten unserer emotionalen Zustände beteiligt. Hier fühlen wir Furcht, Angst und eine Vielzahl weiterer Emotionen. Bei extremen Angstzuständen sind auch das Kreuzbein- und Kehl-Chakra beteiligt, und es kommt infolgedessen zu einem Kontrollverlust des Blasen- und Darmschließmuskels oder zu einer vorübergehenden Lähmung der Stimmbänder. Alle Bachblüten ohne Ausnahme wirken über das Solarplexus-Chakra, zwei schließen andere Energiezentren mit ein.

Folgende Bachblüten wirken auf das Solarplexus-Chakra des Mentalkörpers:

Olive (Olive)
Gentian (Herbstenzian)
Cerato (Bleiwurz)
Willow (Weide)
Scleranthus (Einjähriger Knäuel)
Hornbeam (Weißbuche)
Oak (Eiche)
Cherry Plum (Kirschpflaume)
Agrimony (Odermenning)
Vine (Weinrebe)

Das Solarplexus-Chakra des Astralleibs spricht direkt auf die im folgenden aufgeführten Bachblüten an. Zwei Mittel, nämlich Larch (Lärche) und Sweet Chestnut (Eßkastanie), wirken geringfügig anders. Beide entfalten ihre Wirksamkeit selbstverständlich auch durch das Solarplexus-Chakra, doch Larch beeinflußt außerdem das astrale Kehl-Chakra, während Sweet Chestnut auf alle Energiezentren des Astralleibs einwirkt.

Sweet Chestnut (Eßkastanie)
Impatiens (Drüsentragendes Springkraut)
Mimulus (Gefleckte Gauklerblume)
Centaury (Tausendgüldenkraut)
Walnut (Walnuß)
Mustard (Wilder Senf)
White Chestnut (Roßkastanie)
Pine (Schottische Kiefer)
Red Chestnut (Rote Kastanie)
Wild Rose (Heckenrose)
Beech (Rotbuche)
Chestnut Bud (Knospe der Roßkastanie)
Honeysuckle (Geißblatt)
Clematis (Weiße Waldrebe)
Holly (Stechpalme)
Star of Bethlehem (Goldiger Milchstern)
Crab Apple (Holzapfel)
Gorse (Stechginster)
Elm (Ulme)
Larch (Lärche)
Heather (Schottisches Heidekraut)
Aspen (Espe)
Rescue Remedy (Notfalltropfen)
Water Violet (Sumpfwasserfeder)
Rock Rose (Gelbes Sonnenröschen)
Vervain (Eisenkraut)
Wild Oat (Waldtrespe)

Das verbliebene Mittel Rock Water (Wasser aus heilkräftigen Quellen) wirkt durch das Solarplexus-Chakra auf den Ätherleib.

In seinem Büchlein *The Twelve Healers* (Die zwölf Heiler) gibt Edward Bach folgende Anweisungen zum Gebrauch von Sweet Chestnut: „Für die

Augenblicke im Leben eines Menschen, in denen die Verzweiflung so groß ist, daß sie unerträglich scheint. Wenn Geist oder Körper die äußerste Grenze der Belastbarkeit erreicht haben und nicht mehr standhalten können. Wenn es scheint, als wäre der Mensch nur noch von Zerstörung und Vernichtung umgeben."

Wäre es nicht denkbar, daß bei einem Menschen, der sich nur noch von der unausweichlichen Vernichtung umgeben sieht, die positive Aktivierung des ganzen Chakren-Systems erforderlich ist, um der Negativität des Astralkörpers entgegenzuarbeiten? Ist das der Fall, dann wäre Sweet Chestnut das beste Bachmittel für diesen Zustand, denn es besitzt die Fähigkeit, den Astralleib zu einer positiven Aktivität anzuregen.

Auch Larch ist in dieser Hinsicht ein interessantes Mittel. Larch wirkt auf das Solarplexus-Chakra des Astralleibs, aber auch auf das Kehl-Chakra ein. Bach gib folgende Hinweise zum Gebrauch des Mittels: „Bei Menschen, die sich selbst für weniger gut und fähig als alle anderen halten, denen es an Selbstvertrauen fehlt. Sie erwarten den Mißerfolg, halten sich für Versager und strengen sich wenig oder gar nicht an, etwas zu erreichen." Menschen, die grundsätzlich mit einem Mißerfolg rechnen oder nicht genügend kreativen Schwung haben, ein Vorhaben zu einem erfolgreichen Ende zu führen, benötigen zweifellos eine Stimulierung der höheren kreativen Energien. Vergegenwärtigen wir uns, daß das Kehl-Chakra der Sitz der höheren schöpferischen Energien des Menschen ist und damit das Gegenstück zum Kreuzbein-Chakra darstellt, dann ergibt die Schlußfolgerung der Radionik, daß Larch durch das Solarplexus- sowie das Kehl-Chakra wirkt, einen Sinn. Das Bachmittel Larch wirkt also direkt durch das Kehl-Chakra, um die besten schöpferischen Kräfte bei den Menschen anzuregen, die in dieser Beziehung unter einem Mangel leiden.

Radionik-Therapeuten verwenden die Bachmittel häufig, und über ihre wertvolle Rolle bei der Wiederherstellung der Gesundheit kann es keinen Zweifel geben. Man sollte sich bewußt sein, daß jedes Heilmittel, welches auf der mentalen Ebene wirkt, auch die zwei niederen Ebenen beeinflußt, und die Mittel, welche eine Wirkung auf den Astralleib ausüben, dies auch beim Ätherleib tun. Die Heilkraft eines Mittels ist stets dann stärker, wenn es von den höheren Seinsebenen aus auf die niederen einwirken kann. Da jedoch die drei Körper des niederen Selbst einander durchdringen, sind die

Mittel in ihrer Wirkung niemals nur auf eine Ebene eingeschränkt. So erweist sich beispielsweise Mimulus ebenfalls als wohltätig für den Mentalkörper, auch wenn das Mittel nicht direkt darauf einwirkt.

Als nächstes wenden wir uns den Mitteln der Edelsteintherapie zu. Diese werden aus verschiedenen Edel- und Halbedelsteinen hergestellt und eignen sich ideal für die Radionik-Behandlung der Chakren. Der indische Arzt Dr. Bhattacharya setzt die Edelsteintherapie sehr intensiv in seiner Klinik in Naihati ein. Viele Patienten nehmen die Mittel oral ein, doch werden bis zu 2000 Patienten täglich in der Klinik mittels teletherapeutischer Geräte mit den Schwingungen der Edelsteine fernbehandelt. Die Ergebnisse bestätigen die Wirksamkeit der Heilkräfte, die in den Edelsteinen schlummern.

Bevor wir uns den einzelnen Edelsteinen und ihren Eigenschaften zuwenden, einige kurze Bemerkungen zur Herstellung dieser ausgezeichneten Arzneimittel. Kleine Steine von guter Qualität werden in ein Glasfläschchen gegeben, das eine verdünnte Alkohollösung enthält. Diese Fläschchen werden eine Woche lang in einem dunklen Raum aufbewahrt. In dieser Zeit durchdringt die Schwingungsenergie des Edelsteins die Lösung. Anschließend wird der Stein aus der Lösung genommen, in Wasser gereinigt, getrocknet und für den zukünftigen Gebrauch aufbewahrt. Als nächstes gibt man Zuckerkügelchen in die Lösung und bewegt das Fläschchen vorsichtig auf und ab, bis die Kügelchen mit der Lösung vollgesaugt sind. Diese werden dann auf einer weißen Papierunterlage getrocknet und schließlich in entsprechend etikettierten Glasbehältern aufbewahrt. Die Mittel können nun oral verabreicht werden. Die Edelsteine selbst können immer wieder benutzt werden, so daß der Therapeut ohne großen Aufwand stets neue Mittel herstellen kann, wenn es nötig ist. Die Lösungen können auch gemischt werden, um Kombinationsmittel aus mehreren oder allen Edelsteinen zu erhalten.

Folgende Edelsteine werden in der Edelsteintherapie eingesetzt und haben sich im allgemeinen als besonders wertvoll bei der Behandlung der Chakren erwiesen:

Der *Rubin*, Träger der roten kosmischen Strahlung, wird bei der Behandlung von Blutarmut, Kreislauferkrankungen, körperlichen Schwächezuständen, gewöhnlichen Erkältungen und Kollapszuständen verwendet. Geistig zurückgebliebene Menschen sprechen gut darauf an.

Die *Perle* gibt die orangerote kosmische Strahlung ab und leistet gute Dienste bei Gicht, Rheumaerkrankungen, Asthma, Gallensteinen, bestimmten Entzündungen und bei Beschwerden der Wechseljahre.

Die *Koralle* mit ihrer gelben kosmischen Strahlung findet Anwendung bei Magenerkrankungen, Leberleiden, Diabetes, bei Ekzemen und anderen Hautkrankheiten sowie bei Hämorrhoiden und nervöser Erschöpfung.

Der *Smaragd* mit seiner kühlenden grünen Strahlung wird bei der Behandlung von Grippeerkrankungen, Syphilis, Kopfschmerzen, Neuralgien, Krebs, Hautleiden, Bluthochdruck, Herzleiden und Geschwüren eingesetzt.

Der *Mondstein* mit seiner blauen kosmischen Strahlung wirkt wohltätig auf jede Störung, die mit dem Kehl-Chakra in Zusammenhang steht, wie zum Beispiel Asthma, Laryngitis und Husten. Er ist auch ausgezeichnet bei Windpocken, Masern, Scharlach, Typhus und Pocken. Auch Kopfschmerzen, Schlaflosigkeit, Schockzustände, Stiche und Verbrennungen bessern sich durch dieses Mittel.

Der *Diamant* als Träger der indigofarbigen kosmischen Strahlung wird bei Augenleiden, Keuchhusten, bestimmten Lähmungen, eitrigen Mandelentzündungen, Delirium tremens und Kinderkrampf gebraucht.

Der *Saphir* birgt in sich die violette kosmische Strahlung, die zur Behandlung von nervösen und psychischen Störungen, Epilepsie, Gehirnerschütterung, bestimmten Tumoren, Hautgeschwüren und Neuralgien gut geeignet ist.

Zwei weitere Edelsteine werden häufig gebraucht: *Onyx*, der Träger der Ultraviolett-Frequenz, wird bei rheumatischen Erkrankungen, Leberleiden, Pocken und bei jeder bakteriellen oder viralen Infektion eingesetzt. Das *Katzenauge* befindet sich als Träger der Infrarotstrahlung am anderen

Ende des Spektrums und wird bei Hautleiden, Erkrankungen der Gebärmutter, bei Kopfschmerzen, Verdauungsstörungen sowie Asthma gebraucht.

Jeder Edelstein ist der Träger einer bestimmten kosmischen Farbfrequenz und kann therapeutisch eingesetzt werden. Die hier aufgelisteten Steine geben lediglich einen allgemeinen Überblick. Der Grundsatz, auf den es sich zu besinnen gilt, lautet, daß jeder Patient und jede Krankheit eine einmalige, unverwechselbare Erscheinung und es keine starren Behandlungsschemata oder Regeln gibt. Der Radionik-Therapeut entscheidet mit Hilfe seines Instruments immer von Fall zu Fall.

Neben den Bachblüten und den Mitteln der Edelsteintherapie bedient sich der Radionik-Therapeut auch einer großen Zahl homöopathischer Mittel, die der Patient entweder direkt einnimmt oder auf dem Wege der Fernbehandlung bekommt. Die Homöopathie ist ein zu umfangreiches Gebiet, als daß sie in diesem Buch richtig gewürdigt werden könnte, doch läßt sich sagen, daß die meisten Radionik-Therapeuten gewisse Kenntnisse über eine begrenzte Anzahl von homöopathischen Mitteln besitzen und in der Lage sein sollten, dieses Wissen in ihre Behandlung der Chakren mit einzubeziehen.

10

Die zukünftige Entwicklung

Nachdem wir zwei Jahre lang mit unseren Radionikinstrumenten gearbeitet hatten, fanden wir durch ein vertieftes Studium von überlieferten Weisheitslehren eine erstaunliche und außerordentlich befriedigende Übereinstimmung mit unserer eigenen Entwicklung der Schwingungswerte.

Ruth Drown

Die Entwicklung der Radionik hat erstaunliche Fortschritte gemacht, seit die De-la-Warr-Laboratorien die Fackel aufgenommen und weitergetragen haben, die von den Ärzten Abrams und Drown entzündet wurde. Die Instrumente sind verbessert und verändert worden, und neue Konzepte wurden integriert. Die Aufnahmen mit der De-la-Warr-Radionik-Kamera, sogenannte Energraphien, zeigten die formgebenden Energiefelder, welche der physischen Gestalt zugrunde liegen, und es gibt eine große Fülle klinischer Beweise, die die Wirksamkeit der Radionik-Therapie bestätigen.

Trotz dieser bedeutenden Konsolidierung des Werks von Abrams und Drown habe ich das Empfinden, daß der „goldene Faden“, der sich durch die Radionik zieht, unbemerkt geblieben ist. Selbst eine sehr flüchtige Beschäftigung mit dem Werk der beiden Radionik-Pioniere zeigt deutlich, daß sie, ausgehend von der physischen Ebene, rasch auf einen mehr esoterischen Ansatz der Fernbehandlung mit Hilfe eines Instruments zusteuerten.

Der physische Ansatz erreichte seine höchste Entwicklungsstufe, als Ruth Drown den Schwerpunkt der Radionik-Diagnose und -Therapie auf das endokrine System legte. Nicht zufrieden damit, legte sie schlüssig dar, daß die Heilkunst der Radionik in direkter Beziehung zu dem Wissen über den Menschen und die Natur steht, wie es in altehrwürdigen metaphysischen Schriften niedergelegt ist.

Ruth Drown lehrte, daß jeder Patient eine Zelle im großen Körper des Lebens ist, in welchem wir leben, uns bewegen und unser Dasein haben. Die Aufgabe des Radionik-Therapeuten ist es, diese „Zelle“ aus einem Zustand des Krankseins oder der Disharmonie in eine harmonische Beziehung zum göttlichen Leben zurückzuführen.

Wenn ein Radionik-Therapeut zum Wohl eines Patienten tätig werden und die heilenden Energien nutzen soll, die im Kosmos gegenwärtig sind, muß dies auf der Grundlage einer gründlichen Kenntnis der feinstofflichen Ebenen des Menschen und der Natur geschehen und nicht auf der Basis der physischen Organsysteme, wie das bislang geschieht.

Es mag früher notwendig gewesen sein, bei der Radionik von physischen Gegebenheiten auszugehen, doch nun ist der Zeitpunkt gekommen, das relativ unerforschte Gebiet der menschlichen Energiefelder zu betreten. Es ist notwendig, die Chakren, ihre Funktionsweise und ihre Rolle bei der Erhaltung und Harmonisierung des physischen Körpers zu erforschen, um so die Wirkungsweise der Radionik-Heilkunst zugleich zu vereinfachen und die Effektivität dieser Therapieform zu steigern.

Der Radionik wohnt eine einzigartige Qualität inne, welche sie in die Lage versetzt, als Brücke zwischen den physischen und feinstofflichen Ebenen der Natur zu fungieren, und als solche kann sie Zeugnis ablegen für die okkulte Anatomie des Menschen. Die Radionik-Therapeuten sind aufgerufen, diese Tatsache anzuerkennen und ihren Implikationen gemäß zu handeln. Diese kurze Einführung in die Radionik und die feinstoffliche Anatomie des Menschen wurde mit dieser Zielsetzung vor Augen geschrieben.

Weiterführende Literatur

Die aufgeführten Bücher sind für eine vertiefende Beschäftigung mit Radionik und ihrer Beziehung zur feinstofflichen Anatomie des Menschen und zur Heilkunst von Nutzen.

George Adams: *Physical and Ethereal Spaces*, Steiner Press (Dt.: *Von dem ätherischen Raume*, Verlag Freies Geistesleben, 2. Aufl. 1981).

Alice A. Bailey: *Esoteric Healing*, Lucis Press. (Dt.: *Esoterisches Heilen*, Verlag K. Rohm, 4. Aufl. 1988).

Alice A. Bailey: *The Soul and its Mechanism*, Lucis Press. (Dt.: *Die Seele und ihr Mechanismus*, Lucis Trust Verlag, Genf 1980).

B. Bhattacharya: *Gem Therapy* (überarbeitete Auflage), Firma K. L. Mukhopadhyay.

I. und G. Cooke: *Healing*, White Eagle Publishing Trust.

Langston Day und George de la Warr: *Matter in the Making*, Vincent Stuart Ltd., 1966.

Mark Gallert: *New Light on Therapeutic Energies*, James Clarke und Co. Ltd., 1966.

Shafica Karagula: *Breakthrough to Creativity*, De Vorss & Co., Los Angeles 1967.

P. Speight: *A Comparison of the Chronic Miasms*, Health Science Press.

Günther Wachsmuth: *Erde und Mensch. Ihre Bildekräfte, Rhythmen und Lebensprozesse*, Philos.-anthropos. Verlag, 4. Aufl. 1980.

Nora Weeks und Victor Bullen: *Bach Flower Remedies*, C. W. Daniel Co. Ltd.

Aubrey Westlake: *The Pattern of Health*, Vincent Stuart Ltd. (Dt.: *Medizinische Neuorientierung*, Origo, 2. Aufl., Bern 1984).
Aubrey Westlake: *Life Threatened: Menace and Way Out*, Vincent Stuart Ltd., London 1967.
Vernon Wethered: *An Introduction to Medical Radiesthesia and Radionics*, C. W. Daniel Co. Ltd.

Weitere Informationen über Radionik in englisch erhältlich bei:
The Secretary, The Radionic Association
Baerlein House
Goose Green
Deddington, Banbury
Oxford, OX15 OS2
England

Bodo Baginski & Shalila Sharamon REIKI — Universale Lebensenergie
Reiki wird als jene Kraft definiert, die die Grundlage allen Lebens bildet. Diese universale Lebensenergie kann durch entsprechende Einstimmungen in jedem Menschen geweckt und aktiviert werden, so daß sie als heilende, ordnende und harmonisierende Kraft durch seine Hände fließt. Reiki bewirkt eine Heil-Werdung im ursprünglichen Sinn, denn es führt den Menschen zu einer Harmonie mit sich selbst und den grundlegenden Kräften des Universums zurück. Die Autoren Bodo J. Baginski und Shalila Sharamon beschreiben in diesem Buch ihre Erfahrungen mit der Reiki-Heilkunst bei Menschen, Tieren und Pflanzen. Sie schreiben über den Ursprung und die Geschichte des Reiki, seine Wirkungsweise, wie man Reiki erlernt, erläutern die verschiedenen Anwendungsmöglichkeiten und geben viele nützliche und hilfreiche Tips für die Praxis des Reiki. Darüber hinaus enthält das vorliegende Buch ein Verzeichnis über die Hintergrundbedeutung von über 200 Krankheitssymptomen aus geistiger Sichtweise. **240 Seiten**

Fran Brown Reiki-Leben – Großmeisterin Takatas Lehren
Geschichten aus dem Leben von Hawayo Takata.
Reiki ist Lebensenergie. Im Usui-System des Natürlichen Heilens wird diese Energie geehrt und als Leitfaden des täglichen Lebens genutzt. Sie bietet uns eine einfache Möglichkeit, unser leben als eine heilige und ehrenvolle Erfahrung zu verstehen. Die Geschichten in diesem Buch geben Einblick in das Leben einer Frau, die die Reiki-Lehren gelebt hat. Die Geschichten sind komisch und ernst, voller Freude und Traurigkeit, sie geben Aufschluß über das Heranwachsen dieser Meisterin und über ihr tiefes Vertrauen in die Lebensenergie. Sie schildern das Reifen von Takatas Heilkräften und zeigen ihre Bescheidenheit angesichts ihrer Gaben. Von bescheidenen Anfängen entwickelte sie sich zu einer großen und starken Persönlichkeit, von allen, die sie kannten, geliebt und respektiert.
In diesen liebevollen Erinnerungen an ihre Lehrerin hat Fran Brown die farbenfrohen Geschichten gesammelt, die Hawayo Takata während der 35 Jahre erzählt hat, in denen sie die einzig lehrende Reiki-Meisterin war. Die Geschichten geben einen inspirierenden Überblick über Takatas Lehren und schildern die praktischen und spirituellen Aspekte eines Lebens, das dem Heilen gewidmet war. **180 Seiten**

Ron Kurtz Körperzentrierte Psychotherapie – Die Hakomi-Methode
Körper und Bewegungen eines Menschen drücken zentrale Anschauungen, Bedürfnisse, Gefühle und Besonderheiten seines Daseins aus. Psychologische Informationen formen den Körper. In Anerkennung dieser Verbindung beginnt die Methode mit der Arbeit am Körper. Besonderes Kennzeichen der Hakomi-Methode ist die genaue Anwendung der buddhistischen Prinzipien von *Innerer Achtsamkeit* — die Aufmerksamkeit wird auf das gelenkt, was jetzt genau vor sich geht — und *Gewaltlosigkeit* — wir unterstützen Abwehr und spontanes Verhalten, lassen entwickeln, anstatt zu konfrontieren und zu bekämpfen. **320 Seiten, ill., geb.**

Gerda und Mona Lisa Boyesen Biodynamik des Lebens
Die Gerda-Boyesen-Methode – Grundlage der biodynamischen Psychologie. Jeder Körper reagiert in einer Streßsituation mit Anspannung, aus der der gesunde Körper wieder zu seinem Gleichgewicht zurückfindet. Oft geschieht dies jedoch nicht: Hervorgerufene Gefühle oder Ängste werden nicht ausreichend abgebaut oder verarbeitet, und wir verharren in einem unausgeglichenen Zustand. Die Selbstregulation unseres Organismus findet nicht statt, das Ungleichgewicht manifestiert sich in den Muskeln und unseren inneren Organen; besonders dem Verdauungstrakt. Dieser ist das Hauptregulans für die Freilassung nervöser Energien und besitzt damit die Fähigkeit, Neurosen »zu verdauen« und das vitale Energiegleichgewicht im Organismus zu regeln.
Mit dieser Erkenntnis entwickelte Gerda Boyesen in ihrer klinischen Arbeit die Methode der biodynamischen Psychologie, in der sie die Freudsche Psychoanalyse und die dynamische Physiotherapie mit der Vegetotherapie und Orgontherapie W. Reichs zu einer Synthese vereinte und damit die biologische Basis der Psychodynamik legte. **200 Seiten**

Dr. Malcolm Brown Die Heilende Berührung
Die Methode des direkten Körperkontaktes in der körperorientierten Psychotherapie. Dieses Buch führt zu theoretischer Klarheit und zum praktischen Verständnis einer Yin / Yang-Körpertherapiemethode, eingebettet in eine grundlegende, humanistische, tiefgehende Art der Behandlung. Beeinflußt durch C. G. Jung, A. Maslow, E. Neumann, C. Rogers und D. H. Lawrence entwickelte Brown seine Methode der Lösung der chronischen Muskelspannung und der Reaktivierung der natürlichen geistig / spirituellen Polaritäten der verkörperten Seele und transzendierten Psyche.
340 Seiten, 30 Abb., geb.

Don Johnson Rolfing und die menschliche Flexibilität
Der Körper ist flexibel, ein fließendes Energiefeld, das vom Moment der Empfängnis bis zum Tod in einem Prozeß der ständigen Veränderung ist. **Inhalt u. a.:** Beschreibung von Rolfing-Sitzungen, Rolfing und die anatomischen Grundlagen; soziales Verhalten und die Auswirkungen auf den Körper . . . **164 Seiten, ill.**

Robert St. John Metamorphose – Die pränatale Therapie
Die Methode basiert auf einer überlieferten chinesischen Behandlungsweise der Füße. R. St. John entdeckte in bestimmten Bereichen der Füße Verbindungen zur vorgeburtlichen Phase, in der Energiemuster unser Sein geprägt haben. Durch eine sachgemäße Behandlung des Reflexbereiches der Wirbelsäule an Füßen, Händen und Kopf werden auf natürliche Weise Sperren und Grenzen des Bewußtseins aufgehoben und die ursprünglichen Kräfte der Psyche wieder freigesetzt. **160 Seiten, ill.**

Reinhard Flatischler Die Vergessene Macht des Rhythmus
Reinhard Flatischler hat aus schamanistischen Traditionen ein System entwickelt, das mit Sprachrhythmen, Klatschen, elementaren Tanzformen und Gesang jeden die Erfahrung der Rhythmuselemente in seinem eigenen Zeitmaß machen läßt. Diese grundlegenden Erfahrungen sind auf alle Musikinstrumente übertragbar. Sie sind in der Rhythmik jedes Kulturkreises zu finden und haben psychische Wirkungen, die für alle Menschen gleich sind. Davon ausgehend werden wir die Rhythmuswelten Afrikas, Indiens, Koreas, Brasiliens und Kubas aus ihren Elementen kennenlernen, und selbst den Stellenwert finden, den die Rhythmen dieser Kulturkreise für unser tägliches Leben in Europa haben.
228 Seiten, Fotos u. Grafiken, Farbbildteil, geb.; Kassettenkurs (3 Kassetten) separat erhältlich

Reinhard Flatischler **TA KE TI NA – Der Weg zum Rhythmus**
Rhythmus ist die Kraft hinter allen Dingen. Sie vereint die unterschiedlichsten Gebiete des Lebens. Rhythmus schenkt uns Vertrauen ins Leben und in uns selbst. TA KE TI NA ist der Weg, auf dem alle Aspekte von Rhythmus als Einheit erfahren werden können. Es ist eine Synthese aus dem rhythmischen Wissen vieler Kulturkreise und zeigt in konsequenter Systematik, wie Rhythmus für jedermann erlernbar ist. Die mit TA KE TI NA gemachten Rhythmuserfahrungen sind auf alle Musikinstrumente übertragbar, und der Musiker kann in diesem Buch eine neue Quelle zum Komponieren kreativer Rhythmen finden. Ein Einstieg in die körperliche und geistige Erfahrung von Rhythmus geben.
160 Seiten, ill.; Kassette oder CD separat erhältlich

Burkhard Schroeder **AtemEkstase · Rebirthing**
lehrt Dich das Annehmen allen Seins · Einlassen auf bewußtes Atmen in seiner ursprünglichen Form · Loslassen · Auftauchen ins Leben · Reiten auf den Wellen Deiner Ekstase · Verschmelzen mit dem SEIN · Dich und diese Schöpfung zu lieben.
Rebirthing ist eine wirkungsvolle Methode zur körperlichen, emotionalen und geistigen Reinigung und ein effektiver Weg persönlichen Wachstums. Ein gewaltloser Weg, der Dich lehrt, Deiner Energie zu vertrauen, mit ihr zu fließen, loslassen, zu tun durch Nicht-Tun. Dein Atem wird Dir helfen herauszufinden, wer Du bist, Dich anzunehmen und Dein Herz zu öffnen für Schönheit und Ruhe, Lebendigkeit und Lebensfreude. **128 Seiten; angeleitete AtemEkstase-Kassette separat erhältlich**

A. Wallace, B. Henkin **Anleitung zum geistigen Heilen**
Die Autoren beschreiben — auf dem Erfahrungsgrund der Humanistischen Psychologie —, wie sie zum Heilen angeleitet worden sind, ihre Erfolge und die Grenzen dieser Kunst, andere zu heilen. Darüber hinaus zeigen sie eine umfassende Reihe einfacher Übungen für den Anfänger auf und fortgeschrittene Techniken für den, der sich schon mit geistigem Heilen beschäftigt. In der praktischen Anleitung zeigen sie die Beziehung des Heilens zum Vertrauen, zu Weltanschauungen, Träumen und kosmischer Bewußtheit auf. **228 Seiten**

Bob Toben **Raum-Zeit und erweitertes Bewußtsein**
Toben diskutiert in eingehend grafischer Darstellung mit den Physikern J. Sarfatti, C. Suares und F. Wolf in einer verständlichen Wissenschaftssprache die Abhängigkeit unserer Vorstellung vom Universum durch unsere Sinne. **Themen u. a.:** Psychokinese, Lichtbiegen, Materialisation, Astral-Reise, Wissen aus dem Universum, Reinkarnation, Aura, Telepathie, Telekinese, Levitation, Geistheilung. **180 Seiten, ill.**

Richard S. Heckler **Aikido und der Krieger des neuen Bewußtseins**
Meister Uyeshiba, Begründer des Aikido, lehrte eine Kampfart, die die innere Kraft des Menschen stärkt, ohne Rivalität und Streit. Durch die im Aikido entwickelten Methoden zeigt er eine Alternative zu unserer derzeitigen Form des erdrückenden Militarismus, bzw. eines aufopfernden Pazifismus auf. Das Elementarste an Meister Uyeshibas Aikido aber ist der spirituelle Pfad, der die Menschen lehrt, ihr Ki, ihre Energie mit dem Ki des Universums zu verbinden, um in einer Welt der Harmonie, Zentriertheit und des Mitgefühls zu leben. **176 Seiten, ill.**

Roger Hicks und Ngakpa Chögyam **Weiter Ozean – DALAI LAMA**
Diese autorisierte Biographie ist die erste Aufzeichnung des Lebens Seiner Heiligkeit seit seiner Autobiographie »Mein Leben und mein Volk« (1962). Es ist auch die erste Darstellung der Leben der vorhergehenden dreizehn Dalai Lamas, die einem breiteren Publikum zugänglich ist. **240 Seiten, 31 z. T. bisher nicht veröffentlichte Fotos**

Hazrat Inayat Khan **Das Erwachen des menschlichen Geistes**
Die Botschaft des Autors beginnt und endet mit der Aussage, daß es nicht ausreicht, im Geistigen zu leben; was wir heute benötigen, ist ein *menschlicher* Geist. Es ist die Erweckung des Geistes im Menschen auf der Suche nach der Wahrheit. Diese Unterweisungen Hazrat I. Khans beschreiben die Folge der inneren Entwicklungsphasen, die der einzelne auf der Suche nach der geistigen Wirklichkeit durchläuft. **224 Seiten, zahlreiche Fotos**

Pir Vilayat Khan **Der Ruf des Derwisch**
Pir Vilayat Khan ist Leiter des Sufi-Ordens im Westen, der von seinem Vater Hazrat Inayat Khan gegründet wurde. Er ist bestrebt, den Weg und die Essenz der Sufi-Tradition besonders dem westlichen Menschen erlebbar zu machen.
224 Seiten

Benjamin Hoff **Tao Te Puh – Das Buch vom Tao und von Puh, dem Bären**
Was für ein Puh? *Was* für ein Tao? Das Tao Te Puh! . . . in dem uns enthüllt wird, daß einer der größten taoistischen Meister nicht etwa ein Chinese ist, auch kein altehrwürdiger Philosoph . . . sondern wirklich und wahrhaftig kein anderer als der absichtslos in sich ruhende, einfältige kleine Bär. **160 Seiten, ill.**

Affirmationen – »Ich mag mich selbst«
Eine Affirmation ist ein positiver, schöpferischer Gedanke, um deine negativen Glaubenssysteme und Denkmuster zu verändern. Affirmation heißt das Leben bejahen und deinem Denken eine Idee über das Ziel zu geben.
28 Seiten, Büttenpapier

Erik Sidenbladh **Wasserbabys – Geburt und Entwicklung in unserem Urelement**
Der sanfteste Übergang vom Mutterleib in die Außenwelt ist die Geburt unter Wasser. Frühes Training im Wasser bewirkt bei den Kindern eine bessere und schnellere Koordination der Bewegungen und Körperfunktionen. Die zahlreichen, außergewöhnlichen Aufnahmen verstärken Tjarkovskijs Erfahrungen, daß das menschliche Potential besser entwickelt werden kann, wenn wir lernen, Wasser ohne Angst zu akzeptieren.
156 Seiten, durchgehend vierfarbig ill., geb.

Astro-Tafel – Der Weg zur Astrologie
»ALL-EIN-SEIN heißt eins sein mit dem All. Die Schwingungen des Alls wahrnehmen und sich auf diese Schwingungen einzustimmen heißt sein Leben, oder einfach sich selbst, mit dem All in Einklang bringen. Ist die Person (lat. persona, von per-sonare = durch-tönen, zum Erklingen bringen) im Einklang mit dem Kosmos, so resoniert der Kosmos in ihr, der Kosmos findet seinen Wiederhall in der Person. Wird man sich dessen bewußt, hat man kosmisches Bewußtsein erreicht.« Wohl die umfassendste farbige Informationskarte zum Thema Astrologie und Harmonik. Außer der allgemeinen Beschreibung der Wirkweise der einzelnen Tierkreiszeichen, Planeten, Aspekt- und Himmelspunkte wird auch die Methodik der Verknüpfung dieser astrologischen Elemente zur Deutung erklärt und ausgeführt. Auch die Zuordnung der Töne zu den Planeten sowie der musikalischen Intervalle zu allen Aspekten, wie auch deren farbliche Zuordnungen, können der Karte entnommen werden.
13-Farb-Druck (DIN A2) auf besonderem Qualitätspapier, mit Begleitheft

Lee Sannella **Kundalini-Erfahrung & die neuen Wissenschaften**
In einem verdunkelten Raum sitzt ein Mann allein. Sein Körper wird von Muskelkrämpfen geschüttelt. Unbeschreibliche Empfindungen und stechende Schmerzen schießen von seinen Füßen ausgehend durch Beine und Rücken bis zum Hals. Er hat das Gefühl, sein Schädel würde zerspringen. Im Inneren seines Kopfes hört er tosende Geräusche und hohes Pfeifen. Seine Hände brennen. Er glaubt, sein Körper müsse innerlich zerreißen. Dann plötzlich lacht er und wird von Glücksgefühlen überwältigt.
Ein psychotischer Anfall? Nein, dies ist eine psycho-physische Transformation, ein Prozeß der »Wiedergeburt«, der ebenso natürlich ist wie eine physische Geburt. Pathologisch erscheint dieser Vorgang nur, weil die Symptome nicht zum Ergebnis in Beziehung gesetzt werden: zur psychischen Transformation eines Menschen. Wenn dieser Prozeß ungestört zum Abschluß gelangt, kann ein tiefes psychologisches Gleichgewicht erreicht werden, ein Zustand innerer Stärke und emotionaler Reife.
Sannellas Buch ist unentbehrlich auf dem Weg des tieferen Verstehens von mystischen Erfahrungen und Momenten des erweiterten Bewußtseins. **160 Seiten**

Stuart Perrin **LEAH – Die Geschichte einer meditativen Heilung**
»Als ich Leah das letzte Mal sah, war sie voller Leben, strahlend und bezaubernd schön. Ich war überzeugt, daß sie zu einem besonderen und äußerst ungewöhnlichen Menschen heranwachsen würde. Der Gedanke, daß sie von Krebs befallen war, lag jenseits meiner möglichen Phantasien.
Die Ärzte gaben ihr noch drei Wochen zu leben. – Drei Wochen können eine Ewigkeit sein, wenn man den Moment lebt. In dieser Zeit mußte ich eine neue Logik entdecken, eine, die den Tod entwaffnete und das Unmögliche möglich machte.«
Die dramatische Erzählung eines Heilungsprozesses. LEAH basiert auf einer erlebten Geschichte – die Bemühung eines spirituellen Lehrers, ein junges Mädchen in ihrem Kampf gegen ihren Krebs zu unterstützen. **120 Seiten**

Ken Dychtwald **KörperBewußtsein**
Basierend auf den Arbeiten von W. Reich, I. Rolf, M. Feldenkrais, F. Perls, W. Schutz, A. Lowen, St. Keleman, R. Kurtz u. a. und verschiedenen Yoga-Richtungen, verbindet Dychtwald deren Erkenntnisse mit einer Vielfalt von östlichen und westlichen Einstellungen zur Entwicklung des KörperBewußtseins. Es ist das zur Zeit umfassendste und leichtverständlichste System zur Bewußtwerdung und Diagnose des KörperBewußtseins. KörperBewußtsein von K. Dychtwald ist ein hervorragender Einstieg in das, was wir »Körperlesen« nennen. D. h., durch die Wahrnehmung, wie sich jemand »trägt« oder mit seinem Körper umgeht, erfahren wir mehr über diese Person, als wir sehen. KörperBewußtsein hilft, sich und andere besser »wahr« zu nehmen, indem es aufzeigt, wie der menschliche Körper eine lesbare Karte seiner persönlichen Geschichte ist. Darüber hinaus gibt Dychtwald einen Einblick in verschiedene Körpertherapie-Methoden. Ein lebendiges, gut zu lesendes und sehr menschliches Buch. **320 Seiten, 46 Abb.,**

Georg Schäfer und Nan Cuz **Im Reiche des Mescal – Ein kosmisches Märchen**
Wandere mit Schwarzhaar und dem Schamanen durch Metaphern deiner inneren Welten zum Licht der Erkenntnis . . .
Schwarzhaar war ein Träumer, und die Mutter hatte ihre Sorgen mit ihm, denn statt Netze zu flicken oder Brennholz aus dem großen Wald zu holen, lag er am Strand und schaute stundenlang in den Himmel. »Was wird denn hinter den Sternen sein?«, so dachte er, »und wo beginnt das Reich der Götter und wo endet es?« Über solche Gedanken geriet er ins Grübeln und vergaß alles, was ihm die Mutter aufgetragen hatte . . .
40 Seiten, Großformat, vierfarbig, gebunden

Cousto **Die Kosmische Oktave**
Der Weg zum universellen Einklang. In diesem Buch sind alle Schritte erläutert und formalisiert, um aus astronomischen Beobachtungsdaten die Rhythmen und die Stimmtöne der Erde, des Mondes und der Planeten herzuleiten. Ebenso sind die Berechnungsmethoden zur Feststellung des Sonnentones oder auch der Klänge einer Horoskopvertonung dargelegt. **240 S., 50 Grafiken, zahlreiche Tabellen, 32 S. wissenschaftl. Anhang, 15 Farbtafeln, geb. und Paperback**

Ulrich Sollmann (Hrsg.) **Bioenergetische Analyse**
Autoren und Themen: *A. Lowen:* Der Wille zu leben und der Wunsch zu sterben; *R. Robins:* Der rhythmische Zyklus und Widerstand; *E. Muller:* Auswirkungen des Berührens; *H. Petzold:* Der Schrei in der Therapie; *L. Rablen:* Das gespaltene Ich. Krebs und Probleme der Selbstabgrenzung; *A. Kloppstech:* Frauenarbeit mit krebskranken Frauen; *P. Boyesen:* Psychodynamische Analyse; *U. Sollmann:* Prozeßanalytische Körperarbeit in der Gruppe; *E. Svasta:* Jan Velzeboer und die Bioenergetische Analyse; *R. Steiner:* Die energetische Verbindung von Körper und Geist; *R. C. Ware:* C. G. Jung und der Körper — vernachlässigte Möglichkeiten der Therapie? etc. **252 Seiten**

Ernest L. Rossi **Die Psychobiologie der Seele-Körper-Heilung**
Neue Ansätze der therapeutischen Hypnose. Ist es wirklich möglich, über die Seele eine körperliche Krankheit zu heilen? Gibt es tatsächlich eine Verbindung zwischen den Genen und der Seele, mit deren Hilfe unsere Gedanken und

Gefühle die Heilung unterstützen können? Ja, sagt der Autor, und führt uns in die faszinierende Welt der Psychobiologie ein, die die derzeitigen Ansätze innerhalb der Medizin und der Psychologie auf revolutionäre Weise verändert. Rossi zeigt neue Möglichkeiten auf, wie die Heilung von Krebs, Asthma, rheumatischer Arthritis, krankhaften Stimmungsschwankungen und einer Vielzahl anderer psychosomatischer Störungen unterstützt werden können. Sein anschauliches Konzept, wie man Symptome in Signale und psychische Probleme in schöpferische Hilfsquellen umwandeln kann, ist überzeugend, denn es ermöglicht intuitiv zu spüren, daß wir alle den Schlüssel zu unserer Gesundheit und zu unserem Wohlbefinden in uns tragen. **312 S., zahlreiche Tabellen und Abb., Hardcover**

David K. Reynolds **Die Stillen Therapien**

Japanische Wege zu persönlichem Wachstum. Mit diesem Buch stellen sich eine Reihe von Psychotherapien und therapeutischen Methoden dem europäischen Leser vor, die von einem völlig anderen Verstehen des Menschen ausgehen. Während wir im Westen Therapie oft nur als Symptombekämpfung verstehen, ist im östlichen Denken die Befreiung des Geistes als Ganzes im Vordergrund. Damit stehen Die Stillen Therapien im Zentrum der neuen geistigen Bewegung – der Sehnsucht nach Ganzheit, Re-Integration, nach der unmittelbaren Erfahrung des eigenen Selbst.
In diesem Buch finden Sie klare, praktikable und energievolle Wege zu sich selbst. **160 Seiten**

Rosalyn L. Bruyere **CHAKRAS – Räder des Lichts – Einführung**

Dieses ist das Grundlagenbuch für jeden, der über das esoterische Wissen hinaus Einsicht und Wissen in die Funktionen der Chakras und der feinstofflichen Energiefelder erlangen möchte. In diesem Einführungsband wird die Natur der Chakras untersucht und eine Übersicht gegeben. Mit den folgenden sieben Bänden, jeweils einem Chakra zugeordnet, wird dieses Werk die bisher umfassendste Beschreibung der feinstofflichen Energien und des Chakrasystems sein.
Jedes der sieben Primärchakras ist ein »Rad des Lichts«, ein sich drehendes, farbiges, elektromagnetisches Feld. Zusammen erzeugen diese sieben Felder die Aura des Menschen. In alten Überlieferungen schon gibt es verschiedene Beschreibungen dieser Energie- oder Lichtfelder, die aus dem physischen Körper strömen. Doch erst in neuester Zeit hat die Wissenschaft die Existenz der feinstofflichen Energien und der Aura bestätigt. **144 Seiten, großformatig**

Rosalyn L. Bruyere: **CHAKRAS – Räder des Lichts. Band 1. Das Wurzelchakra**

Kapitelinhalte: I Vitalität, II Kundalini, Sitz des physischen Körpers, III Die Kraft des Feuers, IV Sexualität, Kundalini und Karma, V Die Wissenschaft und die Chakras, VI Krankheiten und Dysfunktionen. **144 Seiten, großformatig**
Alle Bände durchgehend mit Fotos, Zeichnungen, wissenschaftlichem Begleittext und Übungen.

Stamboliev **Den Energien eine Stimme geben**

In der Voice-Dialogue Methode werden Energiemuster des Menschen als eigene Persönlichkeiten angesprochen und aktiviert – den Energien wird eine Stimme gegeben, sich mitzuteilen. Die Fähigkeit des Voice-Dialogue Therapeuten, sich auf den Prozeß einzustimmen und mit seinen eigenen entsprechenden Energiemustern mitzuschwingen, ermöglicht dem Klienten ein intensives Erfahren, Erkennen und Integrieren der psychisch-emotionalen Realität dieser Muster.
Stamboliev gibt auch einen Überblick über die Lehre des T'ai-chi-ch'uan und über verschiedene esoterische Systeme, um dem Voice-Dialogue Therapeuten zu helfen, eine größere energetische Sensibilität der Methode gegenüber zu entwickeln.

Thomas Armstrong **Die Spiritualität des Kindes**

Pädagogik für ein neues Bewußtsein. Anhand zahlreicher Beispiele aus Literatur und Wissenschaft, Mythologie und Erfahrung zeichnet der Autor ein Bild vom zweifachen Wesen des Kindes: „Es gehört sowohl zum Himmel wie zur Erde, und es tritt als Brücke zwischen Licht und Dunkel, Körper und Geist, Ich und Selbst, Mensch und Gott in unser Leben. Das spirituelle Kind singt und tanzt diese Ganzheit mit jeder Faser seines Seins. Wir alle täten gut daran, zuzuhören. Und noch besser daran, mitzusingen und mitzutanzen!" **192 Seiten**

Helmut G. Sieczka **CHAKRA-KASSETTE. Energie und Harmonie durch den Atem**

Unser Atem ist die wichtigste Brücke zwischen dem Körper und der Seele. Der Atem ist die Verbindung von Innen und Außen, vom Individuum zum Universum. Die sieben feinstofflichen Energie- und Bewußtseinszentren, den sogenannten Chakren, fließt unsere Lebensenergie.
Mit diesen zwei praktischen Atemübungen können Sie Störungen auf der energetischen, körperlichen und geistigen Ebene ausgleichen und harmonisieren. **Spieldauer: je Seite ca. 42 Minuten**

David V. Tansley **RADIONIK – Energetische Diagnose & Behandlung**

Radionik ist ein System der Diagnose & Behandlung, das die menschliche Fähigkeit der übersinnlichen Wahrnehmung direkt mit einbezieht, um somit die tiefliegende Bedeutung der Krankheit in einem lebenden Organismus zu erkennen. Diese Kunst des Heilens entwickelte sich aus einem Bereich der medizinischen Forschung von Prof. Dr. A. Abrams, der aufzeigte, daß Leben — und somit auch Krankheit — schwingende Energie ist, die energetisch behandelt werden kann. Die moderne Physik bestätigt dieses Modell seit langem. Radionik kann in jeder Therapieform praktiziert werden. Überwiegend wird sie in Verbindung mit Homöopathie, Schüssler-Salzen und der Bach-Blütentherapie angewandt. Radionik ist ein sanfter Ansatz zur Heilung, frei von den unliebsamen Nebeneffekten der herkömmlichen medikamentösen Therapie. David Tansley, die führende Autorität auf dem Gebiet der Radionik, beantwortet in diesem Buch u. a.: Wie arbeitet Radionik? Wie kann ein Therapeut die Diagnose stellen und die Behandlung ausführen, ohne den Patienten zu sehen? Was umfaßt eine Radionik-Diagnose? Welche Krankheiten können mit dieser Methode behandelt werden? **100 Seiten**